図工科授業サポートBOOKS

クレヨンから
版画まで

## 小学校図工

# 絵の指導
# テクニック
# &
# 題材48

北村 仁 著

JN039386

明治図書

# はじめに

　あなたは図工の授業で何をしようか悩んだことはありませんか？

　日々の忙しさに忙殺され，図工の教科書さえ目を通す時間もなく，気がつけば図工の時間は明日に迫っている。ひどいときには当日の朝。というような現場の状況もあって，これまで『1〜2時間でできあがる図工題材』と銘打った書籍がたくさん世に送られてきました。

　しかし今回のこの拙著，ただ単に作品をつくるだけのマニュアル本ではありません。

　第1章では「子どもたちにとって図工科とは？」「子どもたちにとって表現するということは？」に始まり，第2章では主に小学校において子どもたちが扱うであろう描画材別の指導テクニックと，低・中・高の学年別に題材を取り上げました（題材に関してはすべてではありません。私の実践や他の先生方との共同研究の中で生まれてきたものです）。さらに題材のページでは，ねらいや題材設定の理由はもちろんのこと，授業を行う際の準備や注意点も可能な限り網羅し，実際の授業を想定して題材の提示から制作，鑑賞までを記しました。

　この本はズバリ，「先生方が図工という教科の本質を知ることにより，絵を描いたりものをつくったりすることが子どもたちの豊かな成長に必要不可欠なものであり，ひいてはこの国の未来につながるということを知っていただく」ことについて書かれた本です。

　教職に就いておられる方なら誰しも「ここだけは譲れない」というものを，一つは抱いているのではないでしょうか。私の場合，その譲れないものが図工の授業です。

　これまで私は多くの実践報告や様々な研究会で発表の機会をいただく中で，子どもたちの作品とともにその子やその周りの子たちの変容や集団づくりの観点からも話をしながら発表を重ねてきました。すると発表後に多くの先生方から「こんなに子どもたちが集中して制作している図工の授業は見たことがありません」「どうしたらこんな絵を描かせることができるのですか？」など日々の授業に悩んでいる質問が数多くありました。こういった先生方と出会わせていただくにつれ，「小学校において図工科の本質が見えないまま，マニュアル型の授業，市販のセット教材を与えているとするならば，これは教科存亡の危機につながる」と感じるようになりました。そしてただでさえ授業時数が少なく，行事などで割愛されることの多い図工の授業をもっと大切に，もっと子どもたちが「図工って楽しくて，奥が深い」と思ってもらえる授業を一つでも多く実践してもらいたいと願ってこの本を書かせていただきました。

　この拙著を読まれた後，図工の授業の中で「うまい・うまくない」「似ている・似ていない」で評価するのではなく，子どもが一生懸命描いた（つくった）ものに心から共感し，その子に寄り添ってあげる場面が一つでも増えることを心から願っています。

2020年3月　　　　　　　　　　　大阪府東大阪市立英田北小学校　北村　仁

# CONTENTS

# 教科の重要性を押さえる

## ❶『図画工作科』という教科

　昭和33年に学習指導要領が策定されてから，小学校において一つの教科としてその目標やねらい，評価などが位置づけられてから早や60年以上が経過した。この間全国各地で多くの先生方が，様々な実践事例を積み重ねてきていることは周知の事実であろう。しかし，学校現場ではどうだろう。

　国語や算数など他教科の授業，あるいは学校行事などで削られているのは図画工作（以下図工）の時間ではないだろうか。実際に学習指導要領の改訂ごとに図工の授業時数は削減され，巷では「1時間で終わる簡単図工題材」などと銘打って，多くのマニュアル本が出回り大人気だそうである。さらに子どもに渡せば，取扱い説明書付きでつくってゆけるセット教材も評価のために何かつくらせねばならない先生方には重宝されるそうである。

　果たしてそれで良いのか？　確かに先生方は日々多忙を極める。時にはマニュアルやセットもあって良いかもしれない。だが，子どもたちが人間として豊かに成長するためには，国語，算数などの主要教科だけではなく，じっくり時間をかけ，仲間と対話しながら，絵を描いたり，ものをつくったりする図工・美術教育が極めて重要であり，教員としてその両輪で子どもたちを育てていくという意識をもたねばならないのではないかと考える。

## ❷教科の重要性

　その上で時間割にある図工の時間を，よほどのことがない限り確保するという教員の断固たる決意が必要なのである。そして子どもたちにつけたい力を明確にし，かつ時には悩むこともあろうが，どの子もわくわく楽しんで取り組むことができる題材を探究し，子どもたちに出会わせることが何より大切である。

　子どもたちに『うまい・へた』ではなく，『ていねいに，真剣に』と出てきた表現はかけがえのないものであり，描いたもの，つくったものを通して周りとつながり，点数や能力による序列ではなくお互いに認め合う，温かい集団づくりに寄与する教科なのである。

# 表現者としての子どもを尊重する

## ❶子どもを『表現者』として捉える

　では，図工の授業では子どもに絵を描く技術やものをつくり出す技術を教え込めば良いのか？　答えはNOである。確かに絵を描いたり，ものをつくったりする時に技術は必要である。これらのことを否定するのではなく，私たちは図工の授業を通して，本当のことを見抜く眼，考えたことを自在に巧みに表す手，感じる心を育てることが何よりも大切なのではないか。そして，未来を生きる豊かな人間に育てていくことを視野に入れておかなければならないのではないかということなのである。そのためにはまず子どもたちを『表現者』として捉えることが必要なのである。

## ❷寄り添うことの大切さ

　例えば子どもが絵を描いて教師のところに，「できました」と言って持ってきたとする。そこでどう子どもに声をかけるだろうか？「どうしてこんな色になるの？」「バック（背景）が白いままじゃない！　もっと塗りなさい」などのようなやりとりが図工の授業の中であるのならこれほど悲しいことはない。

　なぜなら，子どもが一生懸命描いてきたものが一瞬にして否定され，やり直させられるのである。こんなことが続くと子どもはいず

れ図工が嫌いになってしまうと考える。

　まずしっかりとした授業（このしっかりとした授業に関しては後述する）をした上で，子どもたちが出してきた絵やつくったものなどの表現に対しては，まず"共感"してあげたい。「おっ，ここいいねえ。すごいいい色だよ」「この線，よく見て描いてるね」「ここ，どうしてこう描いたの？」と絵を挟んで，一緒に対話したい。描いている最中も同様である。子どもの年齢によってかける言葉は選択する必要があるが，特に自信なさげにしている子には，作品を通して寄り添ってあげることが大切である。自分の作品が他者に認められることほど子どもにとって嬉しいことはない。こういった積み重ねが子どもたちの自尊感情を育み，次へのモチベーションにつながると考えている。

**描くこと，つくることを通して 集団をつくる**

## ❶安心できる環境をつくる

　図工科に限ったことではないが，子どもたちが授業を受ける際には，必ず自分以外の仲間の存在がある。一日の大半を過ごす教室の中において，子どもたち同士の関係性を把握しなかったり，構築しないまま子どもたちに絵を描かせたり，ものをつくらせているとすれば非常にもったいない。

　図工科での制作活動と子ども同士の関係がなぜ大切なのかというと，学級の雰囲気が良く，お互いにきちんと居場所がある環境の中で子どもたちは安心して自分の表現を出すことができるからである。これがもし悪い方だとしたらどうだろう。例えば自分が描いた絵に対して，周りが心ない言葉を発したりするようなクラス環境の中で，子どもは図工の時間を楽しむことができるであろうか。

## ❷授業で集団づくりをする

　では図工の授業の中で子どもたち同士のつながりを構築していくためにはどうしていけば良いか。詳しくは後述するが，例えば４月の第１回目の授業は，子どもたちに大切にして欲しいことや守るべきルールの話をする。そしてクラス替えなどもあり，子どもたち同士の関係性を見るためにどの子も楽しめる題材を提示し，１回の授業が終われば途中経過の作品を黒板に掲示し鑑賞したりする。ここで子どもの会話や行動を捉えて，次の授業や学校生活に生かしていく。もちろん授業の中での継続した積み重ねが必要である。１回で劇的に変わるはずはないのだが，子どもが変わるには他者との関わりなしには有り得ない。継続して学級集団を育てていくことが肝要なのである。

# 図工の授業の型をつくる

## ❶1回目の授業を大切にする

前述したが，4月1回目の授業では子どもたちに，「絵を描いたり，ものをつくったりするのが図工ですが，"うまい・へた"，"似ている・似ていない" ではありません。どんな題材も "ていねいに，真剣に" 取り組んだものが素晴らしいのです」と伝える。子どもがこれからの図工の時間が楽しみで仕方がないと思える第一歩と考えている。

## ❷伝えたいことは授業のはじめに

どうしてこの題材に取り組むのか，どんなことに注意して取り組んで欲しいのか，さらに子どもたちに参考にして欲しい絵画や立体の提示や道具の扱い方など，子どもたちに伝えたいことは最初のオリエンテーションの時間に完了する。なぜかというと子どもたち一人ひとりの制作に，個別に関わる時間を確保したいからである。

よく子どもたちが制作活動に入ってしばらくしてから全員手を止めさせて指導を入れる場面があるが，これは子どもの集中やひらめきをかき消してしまう恐れがあるので，よほどのことがない限り避けたい。

## ❸できれば全員に声をかける

教室での子どもたちの机配置は，グループでモチーフを共有する時以外は，基本的にバラバラにする。これは制作活動は個々の時間の中で取り組んで欲しいということと，机同士の間を行き来しやすくし，個別の関わりをスムーズにするためである。

## ❹終われば必ず相互鑑賞

完成してから自己評価やふり返りを書いたラベルを添えてクラス内鑑賞会を行うのはもちろんだが，1回の授業が終わるごとに黒板に途中の作品を掲示する。3，4時間目なら給食時に，5，6時間目なら翌日の始業前まで子どもが自由に鑑賞できる。こういった授業の型も必要ではないかと考える。

## 5 題材を吟味する

### ❶題材の性質を知る

　図工科における題材についてすべて述べることはできないが，絵画表現ではある一定のカテゴリー的なものがあることを押さえる必要がある。まず目の前にあるものを観察し，描いていく『見て描く』。次に国語科とリンクしながら物語の主題を学び，自分が読み取ったこととイメージで描く『物語を描く』。そして自分の身の回りにある自然や命，社会の中から描くテーマを見つけて描いていく『生活を描く』の３つが挙げられる。そこに最近は『モダンテクニックを使って描く』ということも付け加えられるであろう。それぞれ子どもたちの実態やつけたい力を踏まえ，どのカテゴリーの題材を提示するか，またどのぐらいの期間で取り組むかを考えた上で題材を選びたい。

### ❷描画材の性質を知る

　流れとしては子どもたちに描かせてみたい題材が先に決まり，ではそれを表現するのにどんな描画材がふさわしいかを考えることになる（逆の場合もある）。子どもたちが扱う描画材や描画方法には様々あり，学年によって向き・不向きがある。例えば鉛筆・色鉛筆は低学年の子どもにとっては筆圧の調整が難しいので，大きく手や腕を動かして身体全体で描けるクレパスがよく使われたりする。また同じ題材でも，学年や描画材が変わればまた違った表現が生まれる。

2年 パス　　　　5年 筆サインペン

### ❸もう一つ押さえたい大切なこと

　題材を設定し，描画材や方法を決め，子どもに出会わせるのであるが，まだ意識して欲しい題材吟味の観点がある。それは，『その題材が子どもの生活から生まれていたり，子どもの生活につながったりするものであるか』ということである。子どもが「描きたい!!」という衝動をもち，それが自分の生活につながっていると描くことが必然となる。描くことの必然性は子どもが主体的に取り組んでいくエネルギー源である。こういう題材選びを心掛けたい。

# 6 子どもの表現（絵）をよむ

## ❶できあがった作品を前に

子どもを表現者として捉え，描かせてみたい題材そしてそれに伴った，体験させてみたい描画材を吟味し，子どもたちに提示する。

そしてそれを受け，子どもが「描きたい！」という衝動にかられ，自己の五感をフル活用し，自分の内側から出てきた表現は何物にも代えがたく，唯一無二のものである。その作品を前に私たち大人（教師）は何をどうすれば良いのだろうか。

6年「薪を描く」

## ❷子どもの絵をよむ

子どもが描いた絵の中には，それぞれの視点がある。それは一つ一つの授業の中で，「ここはこう描いたんだ」「ここは結構集中して塗ったんだ」「ここを描きたかったんだー」

という表現者である子どもたち一人ひとりの思いや意図が込められた線や点，着彩の跡がある。その絵の中から私たち大人（教師）が汲み取ることを，『絵をよむ』ことと捉えている。これは「上手に描けない子がかわいそうだから，必ず先生が型や見本を用意して……」といったマニュアル式の題材で図工の授業を済ませていては，決して見えてこない部分であり，逆に子どもたち自身のものの見方や違いは認められるものであって，決して「かわいそう」ではないはずである。

## ❸学校風土として芸術教育を見直す

これまで参観があるからと全クラス揃えた同じような絵を描かせたり，この場所にはこの色を塗って，こう描いていけばみんな上手く描けたように見せたりすることができるような図工実践をしていては，そのうち子どもたちからも違和感の声が上がるであろう。そうなる前に，教員の意識として，子どもの成長にとって芸術教育は必要不可欠なものであり，単なる教室掲示をつくるような一過性のものでもなく，教師と子どもたちでともに創り上げるという意識をもたねばならないと考える。子どもが丁寧に，真剣につくったものが溢れる学校にしたいものである。

# 第 2 章

# 絵の指導テクニック
# &
# 題材48

# クレヨン・パス・コンテの
# 指導テクニック

クレヨンはパラフィンや蝋などと顔料を練り合わせたもので，硬質なため線描に適している。一方パスはクレヨンの主原料にオイルを混ぜたもので，クレヨンより柔らかく，伸びが良いため面描ができる。さらに厚塗りができるため混色，重ね塗り，スクラッチ技法が使えるなど幅広い表現が可能で，ある程度筆圧のコントロールができるようになった低学年では必須の描画材である。コンテに関しては顔料を粉末にして固めたもので，柔らかさと硬さをもち，

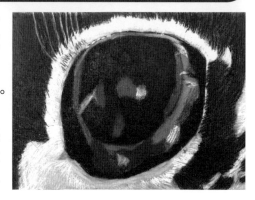

ウサギの瞳（6年　カラーコンテ）

色々な線を描いたり，擦ってぼかしたりと多様な表現ができる描画材である。一般的にクレヨンやパスは低学年，コンテは中高学年向きであると言われている。

## ❶クレヨン・パスの指導ポイント

### ●持ち方と描き方

基本的には先を持つが，力の入れ具合を変えると線の太さや濃さが変わる。寝かせて持つと広い面を塗ることもできる。

### ●クレヨンとパスでの面描

右の写真は同じ筆圧で塗ったものである。上がクレヨン，下がパスである。前書きでも述べたがクレヨンは比較的硬く筆圧のコントロールが不十分な幼児でも折れにくく描きやすい。一方パスは柔らかく折れやすいが，写真でも分かるように，伸びがよく面を塗るのに適していると言われている。最近のクレヨンとパスはそれほど大差なく使えるようになっているが，小学校では依然パスが多い。

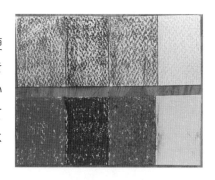

### ●クレヨンとパスでのいろいろな表現

　布やティッシュペーパーで擦ってぼかしたり，色を重ねたり絵の具のように色を混ぜたりすることができる。また油分があるのでクレヨンやパスで描いた上から絵の具で塗るとはじく性質がある。パスで描いてから背景を絵の具で着彩することが多いのはこのためである。さらに，ビニール，プラスチック，牛乳パックなどに描けるので素材も幅広い。

### ●片付け

　手軽に自由に使える道具だが片付けもきちんと行いたい。混色で違う色が付いた時は布やティッシュペーパーでしっかり拭き取るようにする。そして元の色の場所にしまうことを習慣化させると長く使えることになる。

## ❷コンテの指導ポイント

### ●持ち方と描き方

　ものによって1本の長さの違いはあるがひとさし指と親指で持ち，角を使ったり，辺を使ったりして描くと線の太さが違ってくる。

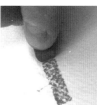

### ●コンテでのいろいろな表現

　パスのように混色もできる。またコンテで描いてから絵の具を塗ると混ざってしまうが，絵の具で先に塗って完全に乾いてからコンテで描くことは可能である。ただしコンテ作品は完成後，表面にフィキサチーフ（とめ液）をかけることも留意する。

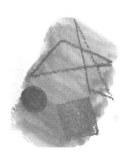

**低学年** **全3時間**

# たけのこを描く①

## ねらい

　非日常的なものと出会うことにより，そこから受けた衝撃や感動をクレパスでのびのびと描くことをねらいとした。

## 題材の概要

　旬の題材は1年に数回は取り上げて描かせたいと考える。今回のたけのこも子どもが描きたいと思う出会わせ方をさせるため，まずたけのこを触ったり，剥いたり，匂いを嗅いだり，食べた経験を話したり，たけのこにある色を見つけさせたりした。

　その後，子どもたち一人ひとりが，「暖かくなってぐんと土から伸びてきた」「中身がずっしり詰まって重い」「ふわふわ

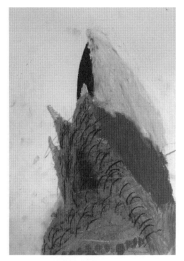 

春の旬の時期に描かせたい

した皮で守られている」「元気がいい」「いい匂いがする」などという表現の課題をもって描かせることが大切な題材である。

## 材料や用具

●たけのこ（できれば大きめ）　●八つ切り画用紙（メロングリーン・クリーム・白茶）
●クレパス（12色程度）　●ティッシュや綿棒など

## 準備・注意点

❶　いろんな感覚を働かせて，題材と出会わせるのでたけのこを隠す厚めの紙袋が必要である。

❷　たけのこはできれば大きめで，皮付きのものを1人1本準備することが望ましい。

❸　描く場所は机でも良いし，床にたけのこを置いて描いても良いことを想定しておく。

❹　たけのこは日持ちがしないので，その日のうちに活動を終えるようにする。

## 授業の流れ

### ❶「たけのこ」と出会う（15分）

　まず実物は見せず厚めの紙袋に入れて，外側から
の感触で，中のものが何か予想させた。この導入は
他の題材でも用いることができる方法で子どもたち
の想像を掻き立て，題材との出会いをドラマティッ
クにする一つの演出である。この後，たけのこを分
解したり，手にとったり，匂いを嗅いだりして五感
を使った観察へと入っていく。この一手間が子ども
たちの描く意欲を刺激するのである。

### ❷指先，腕，身体を使って描く（90分）

　1人1本たけのこを渡し描き始めていくと，机の
上でたけのこを立てようとすると倒れてしまうので，
床で描こうとすることも視野に入れておく。子ども
たちが主体的に描く場所を決め，しっかり見て描き
たいことの表れである。ここは柔軟に対応したい。
というのも，上から画用紙に描いた方がより大きく
パスを動かすことができ，全身で描くことができる。

### ❸パスでも混色，重色を意識する（30分）

　クレパスでも色を混ぜたり，色を重ねたりして塗
り込んでいくことを重視したい。しっかり手を動か
し塗り込むとたけのこの皮の深い色に近づくことが
できる。またティッシュや綿棒，指などで面を柔か
く広げるなどの方法を教えたり，気づかせたりする
ことにより，子どもたちが描くことによって新たな
発見をしていき，次のものを描く活動につながって
いくのである。できた子から黒板に張りながら鑑賞
会を行う。

**低学年** **全4時間**

# カメを描く

## ねらい

　子どもたちにもある程度身近で，一度は見たことのあるカメ。その甲羅を中心に頭，手足，尾のシルエットが描きやすく，大きな画用紙に力強く，大きく，カメが今にも動き出しそうなぐらいダイナミックに描くことをねらいとした。

## 題材の概要

　教室でカメを飼っている場合でも1匹だと少ないので，何とか飼っている子どもや他の人に声をかけて1グループに1匹，合計8匹のカメを揃えた。カメは，その甲羅の色や一つ一つの形，模様，さらにぐっと伸ばした首，思っていたより鋭い爪など，カメの存在は知っていても，普段あまりじっくり見ていない子どもたちにとっては大きな発見があり，描いていくモチベーションになると考える。

カメはよく観察すると面白い

## 材料や用具

●四つ切り色画用紙（白・白茶・クリーム・メロングリーン・薄水色・薄灰色）
●クレパス　●カメ　●カメを入れる入れ物（たらい・プラケース・洗面器など）
●ブルーシート（床で描く場合）

## 準備・注意点

❶　カメは飼っている子どもや同僚に声をかけて1グループ1匹準備する。

❷　夏場のカメはかなり動き回るので，必ず入れ物を準備する。大きめのたらいは家庭科室にあったりするが，なければ発泡スチロールの大きめの箱でも良い。

❸　床にカメを置いて描くか，机をグループの形にして入れ物を机の上に置いて描くかは事前に決めておく。

❹　カメの口の前に指をもって行かないことと，触った後は手を洗うことを事前に伝える。

## ❶まずクラスで飼ってみる

　私の実践の際には，まず図工の授業でカメと初見という形にはせず，約1ヶ月ほど教室で各グループごとにカメを飼ってみることにした。これは子どもたち全員にお世話をして，カメに関わって欲しいということと，お世話する中でカメの動きや形態に少しずつ気づいていって欲しいというねらいがあった。生きているものを描かせようとする場合は，できれば飼育したり，触れ合ったり，観察したりできる時間を確保することが望ましい。家庭によって生活経験の違いはあってもクラスで同じように生き物に関わる体験をして，「このカメを描きたい!!」というモチベーションが起きると考える。ただ動物アレルギーには，十分注意しなければならない。

## ❷お世話したカメを描く（135分）

　四つ切りの紙であるから，思い切って甲羅から大きく描かせる。ただし甲羅は模様や色，形に注目させ，自分が見つけた色を大切にしっかり塗り込んでいくようにさせる。そうすると厚みのある甲羅になる。頭や手足，尾は後になると考えられるが，頭の色や爪などにこだわって描く子もおり，少々カメの描写がうまくいっていなくても，自分が捉えたカメの表現に共感してあげることが大切である。

## ❸みんなで鑑賞をする（45分）

　懸命に手と身体を動かし，描き上げた作品はクラスみんなで鑑賞することが望ましい。低学年なのでお互いに良いところを見つけ合って，コメントし合うであろう。中には自分が描いたものに自信がもてず，うつむきがちな子もいるかもしれないが，そういう時に寄り添ってあげたい。「あなたもお世話したカメを一生懸命描いてあげたから，カメも喜んでるよ」と。

**低学年** **全2時間**

# なりきりはめ絵

## ねらい

　子どもはどの年齢でも変身願望をもっている。子どもたちが自由になりたいものの絵を描き，はめ絵をつくることでその欲求を満たし，いつもと違う自分を体験することをねらいとした。

## 題材の概要

サンタとトナカイ

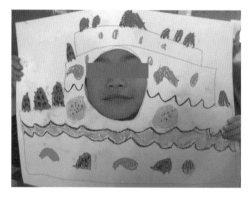

クリスマスケーキになった自分

　観光地や高速道路のサービスエリアによく見られる顔出しはめ看板。ここからヒントを得て，常に何らかの変身願望をもっている子どもたちの心理をくすぐることや，つくったものを通してお互いを知り，交流することができるのではないかと考えた。この題材は七夕やハロウィン，クリスマスなど季節ごとのイベントにぴったりで，また野菜や果物など，通常では有り得ないものに変身することができる。低学年のみならずどの学年でもテーマさえ変えれば，楽しく取り組むことができると考える。

## 材料や用具

●画用紙　●クレヨン・クレパス　●必要であれば写真やイラスト（子どもの参考資料用）
●鏡（できれば大きめ。完成後楽しむため）

## 準備・注意点

❶　事前にクレヨン，クレパスの使い方は学ばせておく。

❷　教室の机はあらかじめグループの形にしておく。

❸　どのタイミングで実施するかによって，準備しておく参考資料が変わることを考慮する。

### ❶描きたいものを描く（60分）

　1年生なら4月からクレパスを使う練習を
して夏に七夕か海の生き物，秋には十五夜の
時期に月やうさぎなどであろうか。子どもた
ちから要望があれば，写真やイラストを提示
してあげながら描かせる。注意点としては下
書きが終わった段階で，顔の場所は先に切り
抜いておくことと，絵自体が小さくならない
よう声かけをすることが大切である。

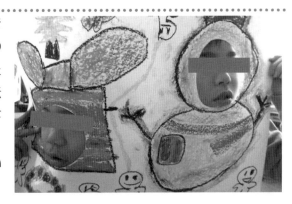

### ❷みんなでなりきり大会をする（30分）

　完成後は，まず自分たちが描いたもので鏡
の前で変身してみる。そのうちつくったもの
を交換してなりきり大会が始まるだろう。普
段あまり話したことがない子同士もこれでつ
ながることができる。上の学年で行なったの
であれば，裏から布ガムテープで補強したり，
段ボールを貼り付けたりして痛まないように
し，低学年との交流に使っても面白い。

### ❸中高学年は＋αで実践する

　中高学年で実施する場合は，何かテーマや
動きを表したなりきりはめ絵を考えさせたい。
　例えば海でのスイカ割りやお正月の餅つき
などで，「叩かれるー!!」という気持ちの表
情をしてはめ絵に入ることも含めた作品をつ
くらせるのも良いと考える。あるいは模造紙
を使って泡や納豆などのつぶつぶに顔をはめ
る「集合はめ絵」をつくっても面白い。

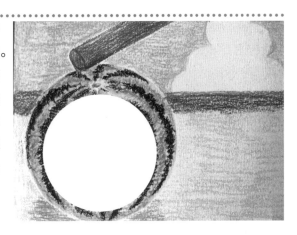

## 4

低学年　全4時間

# 物語の絵を描く〜『スイミー』レオ・レオニ〜

## ねらい

　低学年の子どもたちが『スイミー』の作品世界を味わい，海の中の様子や描きたい生き物の
イメージを大切に手や身体を動かしながら，のびのびと描くことをねらいとした。

## 題材の概要

みんなで大きな魚になる場面

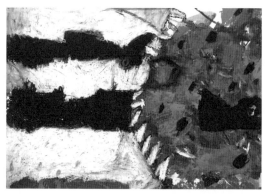

大きなマグロがおそってきた場面

　低学年での定番国語科教材『スイミー』である。どんなお話かは周知の通りなので割愛する。
低学年の子どもたちに物語の絵を描かせる場合に注意したいのが，挿絵をそのまま写してしま
うことである。描きたい場面を選ばせるのであるが，それが描きたい挿絵を選ぶことになって
しまうことがある。そうならないように国語科での学習段階から言葉にしっかり注目させたり，
実際の生き物の写真を提示したりして，子どもたちが豊かにイメージを膨らませることができ
る手立てが必要である。

## 材料や用具

●四つ切り白画用紙　●ローラー　●古新聞　●大型絵の具　●盆もしくはトレー　●バケツ
●雑巾（手拭き用と絵具拭き取り用）　●クレパス　●乾燥棚

## 準備・注意点

❶　はじめのローラーを使った作業は机の上に汚れ防止として古新聞を敷いておく。

❷　可能であれば海の生き物の実物写真や図鑑などを教室に置いておく。

❸　ローラーを使ったり，パスで描いたりするときは子どもたちの服の袖をまくらせる。

## ❶ローラーで海の中をつくる（90分）

　グループの形にした机の上に古新聞を敷き，トレーに出した絵の具とローラーを用意する。ローラーは色ごとに使わせるが，間違えて混ざってしまった場合に備えてローラーを洗うバケツも準備しておく。まだ混色は難しいのであらかじめ教師が混ぜた絵の具をトレーに出しておくことも考えておく。仕上がったものは乾燥棚に入れて乾かす。

## ❷描きたい場面を描く（90分）

　次の時間に描きたい場面を描かせる。前時に描いたものの上に描くことをためらう子もいるが，「自分が一番描きたいものから描いていいよ」と声をかけ，描かせていく。その際生き物の輪郭線だけ描いている子には，「何だか透けてるねえ」という感じで中まで塗ることを促す。挿絵にはない色を使いたいと言う子にはどんどん使わせてあげても構わない。

## ❸一人ひとりの思いを絵からよむ

　同じ場面を描いてもこれだけの違いがあることが何より素晴らしい。スイミーが目となり周りの仲間が寄り集まって大きな魚になる最後の場面でも，魚を一匹一匹描く子もいれば，大きな赤い魚の身体を先に描いて，後から黒色で一匹ずつ形を取っていく子もいる。さらに怖いマグロが襲ってきた場面では，先に描いた海が見えないぐらいマグロを大きく描いたり，実に子どもの意図をはっきり見ることができる。

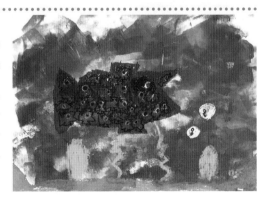

## 5 中学年 全4時間
# パイナップルを描く

### ねらい

独特のフォルムをもつ「パイナップル」を，カラーコンテによって硬質な線や擦ることによる柔らかなぼかしの技術を使いながら描くというより，つくっていくことをねらいとした。

### 題材の概要

子どもたちも南国果物の代表「パイナップル」はイメージとしてもっている。ただ見て描く場合によくあることだが，子どもたちが"思っていたのと違う"という場合である。このパイナップルも例外ではなく，表皮はかなりゴツゴツしパターンで並んでいることや，色は黄色が多いと思っていたが案外緑色が大半を占めていることなど，描く前に十分観察をさせ，パイナップルの中にある色を発見させたい。

カラーコンテもはじめは練習用の紙で，いろいろな線や擦ってぼかす体験をしてから本制作に取り組むことが望ましい。ポイントは正確に再現描写をすることではなく，コンテの特徴である「ぼかし」を使いながら，下からパイナップルをつくっていく感覚である。

まず楕円のシルエットを捉える

### 材料や用具

●八つ切り白画用紙（薄緑，薄水色があっても良い）　●パイナップル（3〜4人に1つ）
●カラーコンテ（個人用または共同使用）　●消しゴム　●キッチンペーパー（1人1枚）
●小刀　●小さいトレーまたは紙皿（コンテの先を削るときに使う）

### 準備・注意点

❶　丸ごとのパイナップルを置いている店を事前に調べておく。

❷　1グループ4人でその中央にパイナップルを置く机の配置を考えておく。

❸　小刀を使えるのであれば各自で削れるよう準備（小刀，トレー）をしておく。ただ小刀を使うことは必須ではない。

❹　描いた後，みんなで食べたりするために切る準備をしておいても良い。

## 授業の流れ

### ❶パイナップルを観察をする（20分）

導入としてパイナップルを隠して，題材当てクイズを行っても良い。その後パイナップルを各グループに配り，目で見たり，触ったり，匂いを嗅いだりして観察する。前述した色や質感，つくりなど多くの発見があると考える。その後グループ及びクラスで意見交流する。

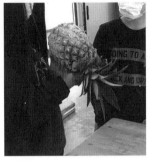

### ❷パイナップルを描く（25分＋90分）

まず黒以外の薄めのカラーコンテを使って本体の輪郭線をとる。次に下から描いていくが基準となる表皮を構成する模様の1枚を描く。あとは上や横のつながりを見ながら，1枚1枚ていねいに積み上げていく。模様の外側を塗ってから擦って色を広げ，その後茶色

系や白，黄色などを重ねてぼかしていく。すると徐々に形ができあがっていく。

### ❸みんなで鑑賞＋実食する（45分）

完成した後はみんなで鑑賞会をしたい。その後できるのであれば切り分けて食べることもありだろう。（アレルギーのことは十分配慮する。）またコンテ作品はそのままだと手や他の物に色が付着するので，フィキサチーフ（とめ液）をスプレーして乾かしてから子どもたちに返す。

**6** 　高学年　全4時間

# ひまわりを描く

## ねらい

　水彩絵の具やクレパスとは違い，擦ったり伸ばしたり，ぼかしたりして表現の工夫ができるコンテを体験するとともに，自分の表現の幅をより広げることをねらいとした。

## 題材の概要

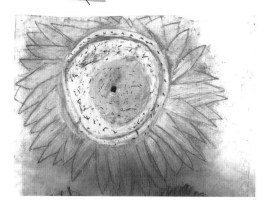 

自分が描きたい「ひまわり」をのびのび描こう

　夏の風物詩，夏の大きな花と言えば「ひまわり」というほど，子どもたちも一度は見たことのある植物である。今回は昔ながらの草丈の高い大きなひまわりを選んだ。この題材は子どもたちにとってはアップやルーズなど見る角度や見方が豊富で，自分の描くイメージによって描く紙の大きさも考えなければならない題材である。さらに夏の間ドライフラワー状態にしておけば，秋以降「枯れたひまわり」として描く題材として利用できるものである。

## 材料や用具

●画用紙（最大四つ切りで子どもたちに選択させる。色は白・黒・水色・薄灰など）
●試し塗りの画用紙　●カラーコンテ（10色程度）　●小刀　●トレー（小）

## 準備・注意点

❶　できれば春に子どもたちとともに，種蒔きから行いたい。

❷　根元から切ると2mほどになるので，図工室で行うことが望ましい。

❸　小刀でコンテを削るときは十分注意させる。

❹　コンテが個人持ちで無い場合は，教師がみんなで共有できるよう準備する。

## 授業の流れ

### ❶ まずカラーコンテに慣れる（45分）

　カラーコンテを使うのがはじめての場合は，どんな感じで色が付くのか，どんな塗り方の工夫ができるのか実際に試し描きする時間をとる。

　さらに絵の具のようにはいかないが，混色や色を重ねることができることを知らせる。余裕があればさらに細い線が描きたいとき，小刀で削ってコンテの先を尖らせて描くことも教えてあげたい。

### ❷ 「どこから描く」，「どこを描く」を考える（90分）

茎の力強さを描く

裏側から描く

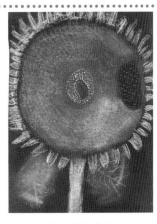

黒い種を描く

　下書きはしない。ただコンテで描く前にひまわりを観察する時間を十分とり，まずどの角度，位置から描くのかを決めさせる。次に自分が描きたいひまわりを描くことができる紙の大きさを選択させる。教師は子どもがオーダーしてきた紙をカットする。ときには四つ切りを縦に切ってつなげてあげたり，描いている途中に紙を継ぎ足してあげることも出てくるだろう。

### ❸ みんなで鑑賞する（45分）

　完成後はそのままだと手に色が付着するのでとめ液をスプレーする。そしていつものようにみんなで鑑賞を行う。お互いの作品を見合いながら，感想やコメントを小さな付箋に書き，作品の後ろに貼ってあげることも面白い。

**高学年** **全6時間**

# 樹木を描く

## ねらい

　学校敷地内にある多くの樹木の中から，自分が描きたい木を選ぶ。黒コンテ１色でその大きさ，重量感，生え方を捉え，描きながら，つくっていくことをねらいとした。

## 題材の概要

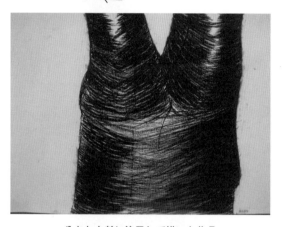

分かれた幹に注目して描いた作品

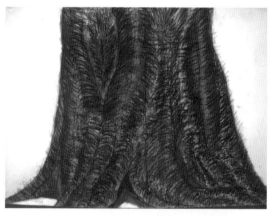

しっかり張った根元を描いた作品

　対象とする樹木は非常に大きなものなので，用紙も50cm×90cmのものを渡した。黒コンテのみにしたのは，色ではなく濃淡や線の積み重ねによって樹木の質感に迫って欲しかったからである。普段なかなか対峙しない大きなモチーフを前に，子どもたちが身体全体で描いていく。

## 材料や用具

●ロール白画用紙（50cm×90cm）　●画板（２枚接合する）　●練り消し　●黒コンテ
●デジカメ（必要があれば樹木撮影記録用として）

## 準備・注意点

❶　予め学校敷地内の樹木の確認と子どもが描く場所の確認をしておく。

❷　使用する用紙が大きいので画板を２枚，角材と釘で接合しておく。

❸　黒コンテや練り消しの使い方はオリエンテーションで行う。

❹　教室で描く場合には，画板を立てかけるためにイーゼル代わりに机を利用する。

## 授業の流れ

### ❶黒コンテ，練り消しの使い方を確認する（45分）

樹木の重量感や樹皮の質感を黒一色で追究するために，コンテの使い方をある一定指導した。単純に線を描くだけではなく，上向きまたは下向きの丸い曲線を描き重ねていくこと（右図），光が当たって明るいところは少し擦ったり，練り消しで白く抜くことも方法の一つとして伝えた。

### ❷描きながら，つくっていく（180分）

自分の描く樹木が決まれば，その樹木の前に行って描くことも良し，教室でひたすら黙々と線を積み重ね，自分が確認したくなったら樹木の元へ向かうことを繰り返す子もいた。黒一色だが線を積み重ねれば，積み重ねるほどできあがってくる自分の樹木に，どんどんのめり込んでいく子どもも数多く見受けられた。

### ❸みんなで鑑賞する（45分）

完成後は鑑賞会を行う。右の作品を描いていた子どもは，この「樹木を描く」の制作では物静かな中に非常に集中した，鬼気迫るものを感じていた。2つに分かれた幹の間から出てきている新しい部分を特にこだわって描きたかったそうである。丹念に描き込まれた根元の幹や分かれた幹の質感はまるで人間が手を広げているかのようである。まさに描きながら，つくっていった作品である。

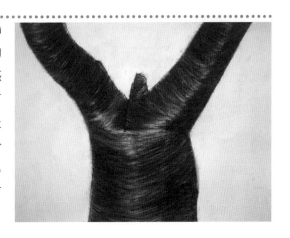

# ペン・マーカーの指導テクニック

日本旅行にきた海外の方がお土産にカラーペンを購入するほど，この国のペンやマーカーは安価で質が良い。子どもたちも様々な色や種類のお気に入りのペンやマーカーを筆箱に入れている。低学年から高学年まで休み時間に自由帳などを使って，好きなマンガやアニメのキャラクターを描いたり，見せ合ったりする姿がよく見られる。

様々なペン・マーカー

ペンとマーカーの違いに関しては，明確な規定はないようであるが，一般的に1mm以上の線の幅で描くときに向きがあるものがマーカー，1mm以下で描くときに向きがないものをペンと区別したりするようである。いずれにせよ色鉛筆と並んで使いやすい描画材であるので，小学校の図工の時間にペンやマーカーを使える可能性も含めて参考にして頂ければと考える。

## ❶ペン・マーカーの指導ポイント
### ●いろいろな種類とその表し方

ボールペン。油性，水性の両方があり，太さも様々ある。最近は色数の多いゲルインクのものが多い。

水性ペン・マーカー。裏写りもなく，においもない。細字以外に太字と極太のツインタイプもある。何より色のバリエーションが多く，ポスターなどを描くときに使われる。小学校で使われる機会が最も多い。

油性マーカー。耐水性が高く，プラスティックやビニール，金属にも描ける。色数は少ない。

ラインマーカー。ノートやコピー用紙に描きやすく，裏写りしにくい。色が薄めなのが特徴である。

## ●ペンやマーカーの正しい持ち方

どのジャンルでもそうであるが，小学校でいちばん使う道具と言えば鉛筆やペンである。小学校に入る前からの部分もあるが，やはり正しい持ち方を身に付けておくと，スムーズなペン運びができ，自分の思い通りの表現ができることにつながる。

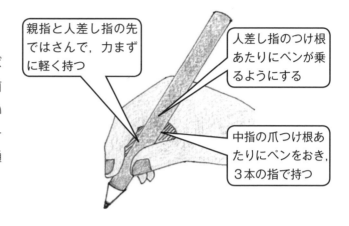

親指と人差し指の先ではさんで，力まずに軽く持つ

人差し指のつけ根あたりにペンが乗るようにする

中指の爪つけ根あたりにペンをおき，3本の指で持つ

## ❷ペン・マーカーを使ったいろいろな表現

### ●誕生日BOOKづくり

クラスの子どもたち同士で，誕生日の子のためにペンやマーカーを使って誕生日カードをつくり，それを背貼り製本してプレゼントするというものである。使うのはB5サイズの紙である。右図のように描いた紙の背中（裏側）同士を糊付けし，最後は色画用紙（薄手でよい）で表紙を付ける。表紙は教師が作成し，マスキングテープやイラストなどを貼って飾り付けをするとなお良い。

背貼り製本の見本

### ●いつもとは違う感覚

子どもたちの意識の中にも，絵は白い紙に描くということがあるかもしれないが，逆に黒い紙に描くということを体験させるには白いペンが有用である。右の写真のように，ひまわりの種ができる部分を描いてみたり，鳥や動物の毛や羽を表したりする。なかなか描くのに適した白い題材を探すのに苦労するが，高学年で一度試してみる価値はある。

ペンやマーカーは一度描いてしまうと消せない（消せるフリクションペンは除く）という特性をもつ。それを利用して，ある一定の緊張感をもたせて，スケッチやデッサンをすることも可能性としてありではないかと考える。

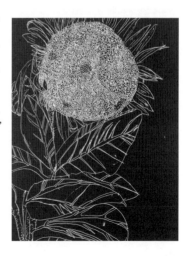

# カラフル手ぶくろ

## ねらい

すぐに描くことができ，色数が多く発色も良いペンやマーカーの良さを知り，点や線で自分なりのデザインをすることをねらいとした。

## 題材の概要

ペンやマーカーは色やその先の太さ，細さなど多種多様に渡り，思った色を使いたいときにすぐ使うことができ，発色が良いので低学年から高学年まで幅広く使うことができる。ただ力を入れすぎるとペン先が潰れてしまうので低学年に使わせる場合は100円均一のカラーペンセット（18色程度）がおすすめである。また，混色はできないが点や線の組み合わせをしたり，小さな面を塗り分けたりすることによって美しい模様をつくることもで

思い思いの線表現

きる。この特性を生かし，子どもたちが白い手形の中に自分のデザインを想像し色彩豊かに仕上げたり，やり切った達成感を感じさせたい。

## 材料や用具

- 八つ切り白画用紙4分の1　●カラーペン（グループに1セット）　●はさみ
- ペン立てまたはトレー（ペンやマーカーが散逸しないよう入れておく）　●毛糸
- セロテープ

## 準備・注意点

❶　事前に見本は教師が数点つくっておく。

❷　セット同士のペンが混ざらないように，同じセットのペンにテープなどで目印をつけておくことが望ましい（しない場合，ペンはグループの物のみを使うことを徹底させる）。

❸　八つ切り画用紙はあらかじめ4分の1サイズにカットしておく。

❹　セロテープはテープ台が1台教師用としてあれば良い。

## ❶まず手ぶくろの型をとる（25分）

「鉛筆を持たない方の手を紙の上に置いて手形を取るよ」と言ってなぞらせる。ギリギリで手形を取らず，少し大きめに取らせる。手首のところは最後につなげてあげることを指示する。どうしてもやりにくそうな子は教師が手伝ってあげても良い。切るときもゆっくりと紙を回しながら切ることを伝える。

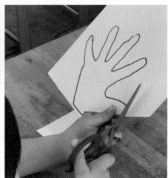

## ❷点と線だけで模様を描いていく（50分）

手形が全員できてから見本を見せる。ここでリスタートをして模様に入るが，注意したいのは模様は点と線で描くということ。できるだけ線同士がくっつかないようにゆっくりと描くことや，色を塗ったり，キャラクターなどは描かないようにさせる。

## ❸みんなで見せ合いっこ　早くできた子はもう一つつくる（15分）

「手袋の白いところがなくなるぐらい模様を描き込んでね」と声もかけながらある程度時間はかける。1つ目が早くできた子には2枚目を渡しもう一つつくらせる。そして教師がセロテープで毛糸を留め，手袋をつないであげる。これは子どもたちの制作の時間差を活用するもので，必ず二つつくらなくても良い。周りが二つつくって，首からぶら下げられる手袋にしてもらったのを見て，焦って肝心の点や線が乱雑になってしまうことは避けたい。一つの手袋をしっかり集中して仕上げることが大切である。

## 9 中学年 全3時間 自分の名前を変身

### ねらい

「自分の名前を変身」という題名から子どもに興味関心をもたせ，一文字取った「くずし文字」と第二段階であるカラーペンによる線表現により集中力と色彩感覚を育てることをねらいとした。

### 題材の概要

まずもととなる「くずし文字」は第1時で黒絵の具と太筆で描く。その際，自分の名前からひらがなで一文字取ることにする。ここで子どもたちに，「ノートに書いたら先生やお家の人に叱られそうな字を書いてね」とお願いする。これだけで子どもたちは，何だか嬉しそうである。なかなか思い切って崩せない子には，少し見本を見せてあげることも良いと考える。また，いきなり画用紙に清書になるため，反古紙に何回か練習しても良いこととする。その後乾燥を兼ねて黒板に張り出して，鑑賞し，次時の周りをカラフルに縁取っていく，線表現の授業へと入っていく。

色彩豊かな線表現

### 材料や用具

●白画用紙（B5サイズ）●B5コピー用紙（練習用，反古紙でも良い）
●絵の具（黒のみ），太筆（12号〜14号程度）
●カラーペン（100円均一ショップにある18色程度が入ったもの）

### 準備・注意点

❶ カラーペンを用意する。できれば2〜3人に1セットが望ましい。
❷ 違うグループのペンが混ざらないように，ペンにテープなどで目印をしておくと良い。
❸ カラーペンはグループで使いやすいようにペン立てに一括して入れておく。
❹ 清書用の画用紙と練習用のコピー用紙を準備する。

## 授業の流れ

### ❶名前の一文字をくずして描く（45分）

メインのカラーペンによる線表現の前に，もととなる「くずし文字」を例としていくつか提示する。いきなり清書は難しいので練習用の紙に書いて，自分のくずし文字を考えさせる。なかなか思いつかない子には途中まで教師が一緒に後ろから筆を持って書いてあげることも良いであろう。子どもたちが課題に対して，少しでも自分で考えて工夫したものはきちんと認めてあげることを心掛けたい。

書いたものは次のカラーペンの作業までに，しっかり乾かせておく。速く乾かせたい場合はドライヤーを使って時間短縮をしても良い。乾かせている間に絵の具の片付けをして，次のカラーペンでの線表現に備える。

### ❷文字の周りを縁取っていく（45分）

カラーペンで順に周りを縁取っていくことがこの題材のメインであるが，活動の前に，「色の線同士がくっつかないように，ていねいにゆっくりとペンを動かそう」と伝える。そうすると自然と子どもたちのペンを動かす手はゆっくりとなるが，あまりゆっくりすぎてもペンのインクが滲んでしまうので，集中力が必要となる。

線同士が重なることなく，用紙の端まで線が続いているかのように最後まで描き切ることや，くぼんでいるブレスのようなところも同じ場所でペンを切り返したり，右写真の「ふ」のように離れている文字を縁取っていると，線がぶつかりそうになることもあるが，うまくつなげることに注意させる。

### ❸お互いに鑑賞する（45分）

この題材はよほどのことがない限り，みんなやり切って，非常に良い満足感，達成感を味わうことができるものである。学年当初始まったばかりのクラスのときにお互いの頑張りを認め合える機会として用いられることが多いと考える。

##  10 中学年 全6時間 生駒山への遠足 ～共同制作～

### ねらい

　思い出のいっぱいつまった遠足で見たことや遊んだことを思い出し，仲間と話し合いながら描いていく。共同制作としたのは集団づくりの側面もあり，描くことで子どもたち同士の関係性が深まることをねらいとした。

### 題材の概要

共同制作はなかまづくり，集団づくりとつながる

　コンパネ（90cm×180cm）に貼り付けたロール紙に1グループ10人前後で描いていく。広い生駒山や空の部分は絵の具を使ったが，子どもたちが遠足当日発見したものを描き込む場合にはペンやマーカーを使用した。

### 材料や用具

●ロール画用紙　●コンパネベニヤ板（90cm×180cm）　●固形絵の具　●カラーマーカー
●カラーペン　●のり　●白色コピー用紙　●図鑑（必要があれば）

### 準備・注意点

❶　板にロール紙を養生テープで貼り付ける。
❷　授業前に教室の机を合わせて長い板が置けるようにセッティングしておく。
❸　子どもがすぐ調べられるように花や昆虫の図鑑は事前に準備しておく。
❹　1つのグループは約10人前後としたい。

### ❶みんなで背景を描く（45分）

遠足が終わってすぐ子どもたちの記憶が新しいうちに提案する。「みんなで？」と子どもたちが困惑しているところへ大きくて長い紙を見せる。「ここに描いていきます！」と伝えると子どもたちは喜びと不安が入り混じった状況になるが，まず自分たちが登った生駒山をみんなで描こうと提案し，どんな絵にするか，共同制作の第一段階である「構想」に入っていく。

### ❷描きたいもの・ことを描き込んでいく（180分）

坂道をみんなで頑張って登ったこと，帰りの下り坂，急な雨でその道がウォータースライダーみたいになっていたことなど，本当に子どもたちの記憶に残り，描きたい物事をペンやマーカーを使って描き込ませる。違う紙に描いてのりで貼り付けても良い。もし行き帰りが平坦な場所なら，学校から目的地まで歩いた道を地図のように平面化して，その道中での物事を描かせることもできるだろう。

坂道を歩く列が描き込まれる

### ❸完成後は鑑賞する（45分）

約30人のクラスなら3枚の作品ができるだろうか。完成後は前に出て，自分が描いたものとその説明をして発表し，相互鑑賞の時間を設けたい。描くことを通して，人間関係をつくり，楽しむことができる。そんな可能性を秘めているのが共同制作である。学年は問わず，年間に一度は取り入れたい活動の一つである。

**11** 高学年 全4時間

# レースを描く

## ねらい

　黒い紙に白色で描くというこれまでと逆の感覚や，レースという複雑な模様を先の細いペンで集中して描くことをねらいとした。

## 題材の概要

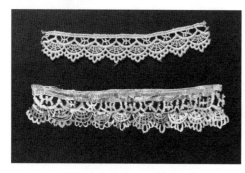

上が実物，下が作品

右が実物，左が作品

　手芸用品店で切り売りされている様々なレースを15〜20cmずつ数種類用意し，自分が描いてみたいレースを選び，水性カラーペン（白）や水彩毛筆ペン（白）などを使い，少しずつていねいにまるでペンで刺繍するかのように，端から端まで描き切らせた。もちろんこのような細かい仕事は1回の授業で終わらせるものではなく，集中と休憩の繰り返しである。1年間の図工カリキュラムの中で，ダイナミックな仕事をした後に，こういった繊細で細かい仕事を組み込み，静と動，剛と柔のような振幅で子どもたちを育てていくことが大切である。

## 材料や用具

●ハガキ大の黒色画用紙　●水性白ペン　●白色鉛筆　●レース（15〜20cm幅，4〜5種類）
●（可能であれば）書画カメラ，スクリーン，プロジェクター

## 準備・注意点

❶　手芸用品店で切り売りされているレースを購入し，事前に15〜20cmに切り分けておく。
❷　模様がこみいって難しいものと，簡単なパターンが並んでいて比較的描くのが易しいものを準備する。
❸　状況によってはさらに先の細い割り箸ペンや竹串を使う子も出てくるので準備する。

## 授業の流れ

### ❶レースと出会う（30分）

まず子どもたちにレースを見てもらう。最近はレースを使った製品が家庭で少なくなっているせいか，あまり子どもにとっては身近ではない。可能であれば先にスクリーンなどに投影して拡大したレースを映し出して，描くイメージをもたせたり，動機づけができればと考える。その後，自分が描きたいレースを選んでもらう。

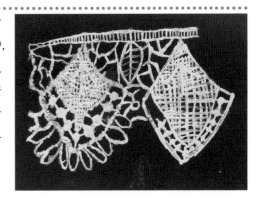

### ❷チクチク，描いていく（150分）

「集中力がそのペンの先からそろーっと出てくるぐらいゆっくり描こう」ということを徹底させた。少々形が歪んだり，大きさが違っていても気にせず進めることも伝えた。高学年なので家庭科で裁縫を経験済みということもあり，本当に糸で刺繍していくようにという声かけも行った。早い段階なら途中で，描くレースを変えることも可とした。

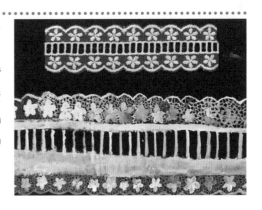

### ❸作品は廊下を通るすべての人に見えるように掲示する

完成した後，クラス内ではなく電車の吊り広告のように廊下を通る方々にも見える掲示ができるよう環境設備を整えている。違う学年の子たちが見て，「うわあ，細かい〜」というコメントを聞いて子どもたちは何だか気恥ずかしくも，嬉しそうであった。台紙をつけたり，額縁に入れてあげるなど掲示に関しても大切にすることは，子どもの作品を大切にしていることと同じである。

**12** 高学年 全6時間

# たけのこを描く②

## ねらい

　よく低学年で取り上げられる「たけのこ」だが，高学年ではその色彩や皮の線，巻き具合など細部に目を凝らして観察して描くことをねらいとした。

## 題材の概要

　春の旬であるたけのこであるが，スーパーで見るような小さいものではなく，できれば産地直売の場所に出向いて子どもが両手で持つぐらいのものを準備したい。

　高学年でたけのこを題材とする場合は，やはり線の追究を行いたい。皮の表現にある線や，地下茎から掘られた後の線，皮が巻いている線などありとあらゆる線を筆サインペンで描いていく。低学年でパスを使って描く場合は，腕や身体を使ってのびのびと描いていくが高学年でのたけのこは造形課題が違う。集中力を必要とし，ペンで描いていくので線を追うにはかなりの緊張を要するが，やり切った後には高学年になった自分への大きな自信となる。着彩に関しては塗りたい部分のみとし，自分が追究した大切な線を消さない程度の水加減で行うこととした。

線の始まりと終わりを意識する

## 材料や用具

●鳥の子和紙（四つ切りサイズ）　●筆サインペン　●新聞紙（たけのこを置く）　●絵の具
●たけのこ（3〜4人で1本）　●処理した皮を捨てるゴミ袋

## 準備・注意点

❶　たけのこは事前に入手しておく（スーパーではなく，産地直売所）。

❷　たけのこに余分な皮があれば処理しておく。

❸　机を合わせて真ん中にたけのこが置けるよう整理整頓しておく。

❹　ペンで描いていくため線を間違うこともあるが，多少の間違いは気にせず継続させる。

## ❶「たけのこ」と対面する（45分）

　普段あまり見ることがない皮付きたけのことの対面である。まずは観察し，発見したことを伝え合い情報を共有する。これは題材を見て描くときには必ず踏みたい手順で，どこに注目させたいのか，注目しなければならないのか明確にする意味も込められている。余裕があればたけのこを1本教師が切ったり，分解してみたりしても良いと考える。

## ❷和紙に筆サインペンで描く（180分）

　いつもは白画用紙に鉛筆で下書きして……というマンネリを打破すべく，同じ白地に黒であるが，違う描画材を用いた。子どもたちにとっては書道の半紙に小筆で書くという感覚だったのかもしれない。しかし和紙へのインクの染み込み具合や，よく見ないと線を見失ってしまうぐらいの困難さをもったたけのこは十分高学年でも通用する題材であると考えている。

## ❸描写と集中の間で子どもの追究を見る（45分）

　完成後はお互い鑑賞する。この作品は実は実際のたけのこは少し描写の面で離れている。しかし，写真を見て分かるように皮の表面にある線の飽くなき追究が見て取れる作品である。皮には他の傷や汚れがあったがそれを取っ払い，線の美しさ，何より自分がここまで積み重ねてきた線を大切さに気づき，描き上げたものである。途中で指導する側も線表現にハマりすぎるぐらいハマっていることに気づいたが，敢えて軌道修正はせず，子どもの意志を尊重しそのまま見守った。色に関しては単色であるが，追究された線の美しさが輝やく作品である。

# 鉛筆・色鉛筆の指導テクニック

小学校で色鉛筆を使う機会は，低学年なら朝顔の観察カードに色を塗ったり，中高学年になると授業でノートに色分けするときに使われたりするぐらいで，なかなか図工の時間に……というのが現状かもしれない。だが色鉛筆も立派な描画材の一つで，奥が深い。描く角度や削り方，筆圧のコントロールによって絵の印象が変わる。どちらかと言えば高学年向きだが，ペンやマーカーとともに取り扱いやすい道具であるので，ぜひ参考にしていただきたい。

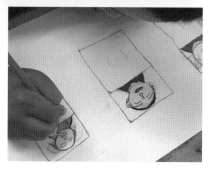

寝ているきょうだい（5年：色鉛筆）

## ❶鉛筆・色鉛筆の指導ポイント

### ●いろいろな表現の仕方

立てると細い線が描ける

力の入れ方で濃さが変わる

寝かせると広く塗れる

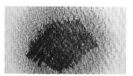

擦るとぼかせる

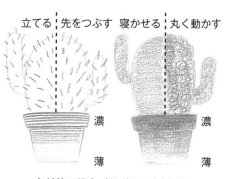

立てる｜先をつぶす　寝かせる｜丸く動かす

濃

薄

濃

薄

色鉛筆の場合（サボテンを例に）

### ●芯の硬さで使い分ける

鉛筆を使う場合，字を書くのに使うHBや2Bの他に4Bや6Bの濃くて柔らかい鉛筆も準備したい。スケッチやデッサンをする場合に使い分ける技術も身に付けさせたい。

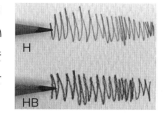

H

HB

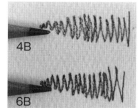

4B

6B

## ●用紙を選ぶ

　まず紙の大きさであるが，鉛筆と色鉛筆は広範囲の着色には向かないのでＢ６やＡ６もしくはハガキなどの小さめの紙を選ぶ。また紙は表面の目の粗さで細目，中目，粗目に分けられ，同じ色鉛筆を使っていても絵の印象が変わる。右は同じ色鉛筆で切ったスイカを描いたものである。普通の画用紙に当たるのが細目で滑らかになり，粗目になるとラフな印象になる。題材によって使い分けると良い。

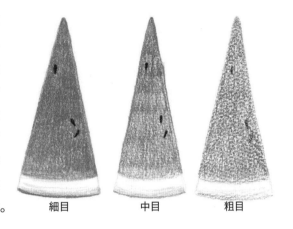

細目　　　　中目　　　　粗目

## ●塗り重ね

　描画用の芯が柔らかい色鉛筆ならパスのように混色した際になじみやすく，違う色ができる。ただ小学生が持っている色鉛筆はほとんど芯が硬いものであるため，混色はしづらいが塗り重ねることで新しい色をつくったり，違った表現を生み出したりすることができる。

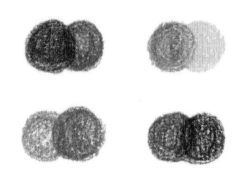

## ●輪郭線は何色で描くか

　上の絵は輪郭線の色を変えてレモンを描いたものである。左から鉛筆，色鉛筆の黒，色鉛筆の薄橙，色鉛筆の紫である。同じレモンを描いても輪郭線の色で印象は変わるということである。特に薄橙色や黄土色，灰色，黄緑色で輪郭線を描くと，上から色を重ねても邪魔にならず，塗る色となじみが良いのでお勧めしたい。また少しぐらいの描き間違いがあっても目立たない。さらに右端のレモンのように，敢えてなじみにくい色を輪郭線に選ぶのも面白い。

　輪郭線をあまり目立たせたくない場合，絵の具の下書きに色鉛筆を使うのもありである。

**13** 低学年 全2時間 ※通年休日課題として行う

# 家族スケッチ

## ねらい

　自分といつもともに生活し，支えてくれる家族。その家族の一場面を切り取り，スケッチをしていくことで自分自身や自分の生活を振り返ることをねらいとした。

## 題材の概要

家族でカルタ

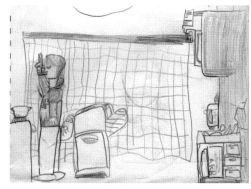

料理をするお母さん

　この実践は「自然スケッチ」（p.46）と同様に1人1冊ハガキサイズのスケッチブックを持たせて1年間継続して書き溜めていくことが望ましい。この「家族」という題材はいろんな環境の子どもがいるかもしれないので，十分な配慮が必要である。しかし自分の家族のことや飼っているペットのことを描くことは，低学年でも高学年でもある程度喜んで描く。ここでも見つけたらすぐ描ける鉛筆や色鉛筆を使わせたい。もちろん描写力のことにはあまり触れず，自分と家族を描くことを通して，仲間同士つながっていくきっかけとすることもねらいとしたい。

## 材料や用具

●スケッチブック（なければB5用紙を背貼り製本してつくる）　●鉛筆　●色鉛筆

## 準備・注意点

❶　描いたものはみんなが見ることができるような掲示方法や場所があれば良い。

❷　はじめは教師が数枚用紙を貼り合せた簡単スケッチブックを準備しても良い。

❸　子どもたちの生活環境には十分配慮，注意を行う。

❹　何より1年間，定期的に継続することが大切である。

### ❶どんなことをスケッチするのか説明する（オリエンテーション45分）

　まず子どもたちにどんなことを描いてくるのかの説明をする。家の人と食事しているところ，遊んでいるところなど自分が描きたいと思った場面を描かせる。また色は塗りたいところだけで構わないことも伝える。もちろん鉛筆だけでも良い。さらに，自分や家族の周りにあるいろんなものは，全部描かなくても良いことを伝えておく。土日の宿題として継続的に取り組んでいきたい。

鉄棒の練習を見てくれるお母さん

### ❷まず1回目の鑑賞会を開く（45分）

　みんなが1枚目を描いてきたときに鑑賞会および交流会を行う。グループでスケッチを交換し，どんな場面を描いたのかを交流し合う。その後，「みんなに紹介したいスケッチあるかな？」と尋ねるか，教師が数名ピックアップしてスクリーンに映し，クラスの前で発表させる。特に何を描いて良いか分からない子にとっては，「ああ，これでいいんだ」と安心した気持ちがもてると考える。

寝間着のお父さん

### ❸遠くから見守り，子どもに寄り添う（以後，休日課題として）

　そうは言ってもなかなか描けない子もいる。いや描きたくないのかもしれない。そういうときには無理にせず，描きたくなるのを待てば良い。描きたくなったらすぐ描けるよう，だから鉛筆や色鉛筆を使う。実際に周りの子たちのスケッチを見て，徐々に描くことを始めた子もいる。近くに寄り添い，遠くから見守ることが肝要である。

寝ている弟　　　洗たくものをほすお母さん

**低学年** **全2時間** ※通年休日課題として行う

# 自然スケッチ

## ねらい

　自分の身の回りにある自然，生き物や季節などを見つけたら，その感動をできるだけすぐ書き溜めていくことをねらいとした。

## 題材の概要

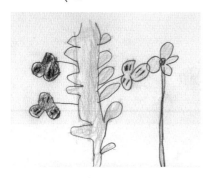

春の草花　　　　　　　　　　　　　集めた秋の落ち葉

　この実践も「家族スケッチ」（p.44）と同様に1人1冊ハガキサイズのスケッチブックを持たせて1年間継続して春夏秋冬の自然を書き溜めていくことが望ましい。朝のちょっとした時間や土日の課題としても適しており，子どもたちは見つけたらすぐ描ける鉛筆や色鉛筆なら，さほど抵抗感なく描き続けることができる。その際，描写力のことにはあまり触れず，自分の感性を大切にし，自分の身の回りの自然に目を向けさせることが肝要である。生活科とリンクしながら取り組むこともできると考える。

## 材料や用具

●スケッチブック（なければB5用紙を背貼り製本）　●鉛筆　●色鉛筆　●消しゴム
●取ってきた草花を置く反古紙　●生き物を入れる小さい入れ物

## 準備・注意点

❶　描いたものはみんなが見ることができるような掲示方法や場所があれば良い。
❷　校区内の公園などに行くときは事前の下見や，安全管理をきちんと行う。
❸　学校敷地内でも，進入禁止の場所がないか確認しておく。
❹　草花のアレルギーをもっている子はいないか事前に確認する。

## ❶「自然」とは何か考える（20分）

　PowerPoint（なければ写真や図鑑）などで虫や花，樹木などを示し，自然とは何かを知った上で，まず学校敷地内で描きたい自然物を探させる。手始めには植物の葉や野草が適している。動く小さい昆虫，例えばダンゴムシなどは小さい入れ物に入れて描くことが望ましい。とにかく生活科で朝顔の観察スケッチで色鉛筆を使うだけではもったいないので，筆圧を加減して濃く塗ったり，薄く塗ったりする練習も兼ねて，楽しみながら描かせる。

春の虫たち

かたつむり

バッタ

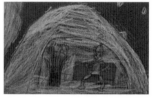

かまくら

## ❷描く内にどんどんうまくなる（45分）

　もし可能であれば教室で飼える生き物をみんなで飼育して，スケッチすることもお勧めである。夏にはザリガニやかたつむり，秋にはバッタ，コオロギなど描く対象はたくさんある。特に昆虫を描かせる際，便利なのが蓋付きの瓶である。中が小さいのであまり跳ね回らず，360度いろんな角度から観察ができる。春夏秋冬，様々な自然を見つけて，気軽に色鉛筆で描くことを習慣にしたい。

## ❸お互いに認め合う（25分）

　右は子どもたちが描いたスケッチを撮影し，プリントアウトしたものを模造紙に貼って掲示し，みんなが1年を通して鑑賞できるようにしたものである。徐々にスケッチが溜まっていくと，「次は何を描こう？」と描く題材を自ら見つけるようになったり，友達同士お互いの作品にコメントし合ったりする姿が見受けられた。

**15** 中学年 全4時間

# くわしい自分の名刺

## ねらい

　自分自身を名前だけではなくイラストや模様，色で表し，クラスの仲間に自分をもっと知ってもらい，お互いに理解し合うことをねらいとした。

## 題材の概要

　名刺と言っても色鉛筆でいろいろ描き込むので，八つ切り縦切りの大きさである。様々に区切られた枠の中に，自分の好きなもの・こと，考えていること，家族やペットなど自分にまつわる事柄を漫画のようなコマ割りに描き込んでいく。描いていく内に自分で自分をふり返り，描きたいものを好きなだけ描くことができる大変楽しい時間になると考えている。鉛筆で下書きをしていくので，失敗を恐れず安心して描き続けることができる。

　この題材は，やはり細部の表現をするときはもちろん，混色できる絵の具とまではいかなくとも，ある程度の色数を揃えられる色鉛筆が最適の描画材である。教師側も子どもたちが普段どんなことを考えているのか，どんなことに興味関心があるのかを掴むことができ，見ていて楽しい題材である。

まるで脳内を表しているかのよう

## 材料や用具

●白画用紙（九つ切り縦切りサイズ）　●自分を探るシート（B5またはA4）
●絵の具（黒のみ），太筆（12〜14号程度）　●名前練習用B4反古紙　●色鉛筆，鉛筆
●写真やパンフレット，図鑑など（必要があれば）

## 準備・注意点

❶　できれば教師がつくった見本があることが望ましい。

❷　色鉛筆はあらかじめきちんと先を削らせておく。

❸　「自分をさぐるシート」は事前に作成し，あらかじめ子どもたちに書かせておく。

❹　名前の練習は反古紙の裏にするので，準備しておく。

**❶まず名前を用紙の端までつなげる（45分）**

　もととなる下の名前を大胆に崩して，漫画のようなコマ割りの状態にすることが望ましい。いきなり清書は難しいので練習用の紙に書いて，イメージをもたせるようにする。

**❷思い思いに描いていく（制作90分＋鑑賞45分）**

　名前が無事に描けたら，「自分を探るシート」をもとに自分が描きたい場所に，描きたいもの・ことを描き込んでいく。必要があれば好きなキャラクターのイラストを持参しても良い。完成後はみんなで発表及び鑑賞会を開く。この題材は高学年でも実践して良い題材である。

図工科『くわしい自分の名刺』

# 自分をさぐるシート

（　）年（　）組 名前（　　　　　　　）

☆思いつくものはいくつ書いてもまいません。
☆字だけでいいです。絵やイラストは次の本番でかいていきます。
☆全部書く必要はありませんが，5〜6個は書いておきましょう。

| 好きな食べ物 | 苦手な食べ物 |
|---|---|
| 苦手なこと | 得意なこと |
| 好きなテレビ番組 | 好きな遊び |
| 好きな生き物 | 好きなキャラクター |
| 好きな有名人 | 最近ハマっていること |

| 好きな教科 | 苦手な教科 |
|---|---|
| 好きなスポーツ | 好きな色 |
| 行ってみたい場所 | 自分にとっての宝物 |
| 今、ほしいもの | しょうらいの夢 |
| ◎フリースペース（他に何かあれば） | |

**高学年** **全8時間**

# 自分の上着を描く

## ねらい

　いつも着ている自分の上着。いつ，どこで，だれに買ってもらったか思い出せるお気に入りの上着。そんな自分の生活の一部である物を描くことを通して，自分を支えてくれる人・物への再認識をしてくれることをねらいとした。

## 題材の概要

　子どもたちが普段何気なく使っている物はたくさんあり，その一つがいつも着ている服である。下着などは毎日替えるが，上着はそうではなく，サイズが小さくなるまである一定長い期間使い続ける物である。そんな愛着のある自分の上着を描くことを通して，自分の生活を振り返ってもらおうと考えた。

　描画材を鉛筆のみにしたのは，白黒およびその濃淡や陰影で各自の服の質感やロゴ，ワッペン，しわの一つに至るまで表すこと

色彩ではなく質感を鉛筆で追究する

を追究することができるということと，納得いかないときは何回も消すことができるという点で鉛筆デッサンの手法をとった。

## 材料や用具

●４Ｂ〜６Ｂ鉛筆　●八つ切り白画用紙　●画板
●縦３cm横10cm程度の白画用紙（濃淡ものさし制作用）

## 準備・注意点

❶　図工室ではなく通常教室で，個別作業ができるようの机，椅子の配置を行う。
❷　自分の上着は前もって用意させる。
❸　鉛筆はできれば小刀を使い，自分で削ることができるよう事前に身に付けさせておきたい。
❹　削りカスを入れる小さいトレーなどがあればベストである。

**授業の流れ**

## ❶まず"濃淡ものさし"をつくる（45分）

　あらかじめ小さく切った画用紙を5分割し（右写真）端から順に濃い鉛筆の塗り具合から筆圧を調節しながら淡い部分まで塗る"濃淡ものさし"を制作する。

　実際に上着を鉛筆1本で描いていくときに，陰影を表す規準となるものである。画板の上部に貼り付けておけば常に実物と照らし合わせながら作業を進めることができる。

## ❷上着の置き方，見る角度を考える（45分）

　子どもたちには，「家に帰って，ただいま〜と言ってから上着をどう置いてる？」と尋ね，その置き方をできるだけ大切にするよう伝えた。それが自分の上着を描く第一歩だからである。その後自分が描きたい角度を考えていった。このとき，机がそのステージになるので，描く紙を置く画板が必需品となる。

## ❸自分のこだわりを追究する（制作225分＋鑑賞45分）

　上着の置き方や，描きたい角度が決まれば制作活動に入っていく。まず上着の外側の輪郭線を追いながら形を取り，襟や胸元の合わせの部分の線を追っていく。ここでのポイントは白い画用紙を汚すことを恐れず，どんどん塗り込んでいくことである。絵の具ならサッと塗ればそれなりに描画はできるが，鉛筆はそうはいかない。塗り込みながら濃淡を利用し，しわやよれの陰影を表すことを追究させたい。そして描いていく内に子どもたちがこだわるのは上着に付いているロゴやワッペンである。この部分の細かいところを表すことにも鉛筆は適しており，描き上げるとかなりの達成感，満足感が得られることが考えられる。

# 震災絵本
## ～自分たちにできることは～

## ねらい

　人間の叡智を越えた自然災害を前に，実際には体験していないが様々な情報をもとに震災を自分事として捉え，向き合い，自分の内面や自分の生活を振り返るきっかけとすることをねらいとした。

## 題材の概要

　当時様々に報道される情報をもとに書き溜めていたスケッチがあった。それは子どもたちが遠い東北の地で起こった震災を真剣に捉えたものである。「もし，1日でも早く被災地の皆さんが復興し，元気になるとするなら……」という思いで制作していったものである。

　スケッチから色を使う絵本にステップアップするに当たって描画材を色鉛筆中心にしたのは，

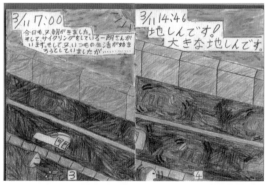

あの日自分がそこに居たなら…というつもりで書き綴った

やはりすぐ準備して制作できることや，色鉛筆なら細かい部分まで色を使い分けることができるということ，そして高学年だからこそ筆圧の加減を行い，淡く塗ったり，力を入れて均一に塗り込んだりすることができるからである。

## 材料や用具

●鉛筆，色鉛筆　●B5サイズのコピー用紙　●表紙用の色画用紙　●のり

※色鉛筆は絵の具のように混ぜることはできないが，色を重ねたり，力の入れ具合で1色から幾通りもの色が塗ることができる説明は事前に時間を取った方が良い。

## 準備・注意点

❶　図工室ではなく通常教室で，個別作業ができるようの机，椅子の配置を行う。

❷　参考にする自分のスケッチ，新聞の切り抜きなどは子どもに準備させる。

❸　鉛筆はBかHBで。色鉛筆もきちんと色が揃っているものを使う。

❹　これら以外の用具は子どもが自己選択したときに備えて準備しておく。

## 授業の流れ

### ❶絵本のストーリーを考える（45分）

　これまで書き溜めてきたスケッチ（右写真）や震災報道の新聞切り抜きなどを参考に，絵本のストーリーを考える。スケッチをつなげて，膨らませて描くのも良し，まったく違うストーリーを展開することも良いこととする。

　しかしストーリーを気にしすぎて絵が進まないときは描きたい部分から始めても良いことを伝える。

震災直後の様子①

震災直後の様子②

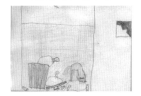

捨てられた動物たち

手放さざるを得ない牛

### ❷鉛筆で下書きし，色鉛筆で着彩する（270分）

　ストーリーが決まったら鉛筆で下書きをし，色鉛筆で着彩していく。鉛筆で下書きせず直接描いていくことも可とする。必要に応じて，水彩絵の具やクレヨンで描いたり，質感を求めてちぎり絵の技法を用いても良い。

　ページが揃えば，のりを使って背貼り製本を行い，本にしてゆく。描いた紙の角をきちんと合わせて貼り合わせることが大切である。

瓦礫の質感をちぎり絵の手法で表したもの

### ❸表紙デザインと本のタイトルを決める（45分）

　読み手がまず最初に目にする部分であるので，興味関心をもってもらえることを前提として考える。さらに忘れてはならないのが「あとがき」である。作者である子どもたちがどんなことを考え，感じていたか，また被災地の方々にどういった思いを寄せているのかを分かるようにするためである。

表紙

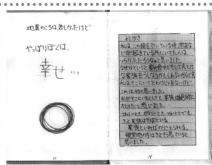

あとがき

# 水彩絵の具の指導テクニック

これまで比較的扱いが易しいペンやパスなどを使ってきた子どもたちにとって，たくさんの道具を使う「絵の具セット」は，かなりハードルが高い。また教師が指導することも増えるが，絵の具セットの道具を正しく使い，絵の具の混色ができるようになると，子どもたちの表現の幅をぐんと広げさせてくれるものである。子どもたちが自在に水彩絵の具を使うことができるようにするためにはやはり最初が

大切である。描かせる前にぜひ以下の準備から片付けまでの方法と道具の使い方の基本，混色の一例を参考にしていただきたい。

## ❶水彩絵の具の準備
### ●道具の置き方

右図のように使い勝手を考慮し置かせたい。図は右利きの子用で，左利きの子用は左右が入れ替わる。また必ず筆洗（水入れ）の下に雑巾を敷くことを忘れてはならない。時折，筆洗の中に筆先を突っ込んだ状態が見受けられるが，筆先が痛んでしまうので，筆はきちんと筆洗の縁にあるくぼみの筆置きに置くことを徹底させたい。

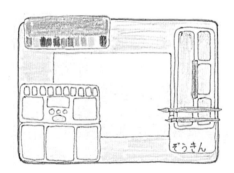

### ●筆洗の使い方

入れる水の量はどの部分も半分にする。①②の順で汚れた筆は洗うが，③は筆に水分を含ませるためのもので，筆を浸してから，筆洗の下に敷いてある雑巾で水分を調節するのである。この方法を守ると，①→②→③の順に水が汚れていくので，授業中の水換えに行く必要がなくなる。

## ❷水彩絵の具の使い方

### ●絵の具の出し方

パレットには仕切りのある小部屋と，広い部分がある。それらを教室と運動場（広場）と呼んでいる。水彩絵の具には２つの出し方があり，図①の透明水彩の

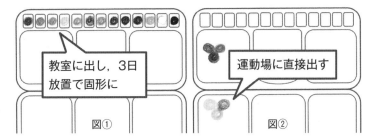

教室に出し，3日放置で固形に

運動場に直接出す

図① 図②

ように水を含ませた筆で色を取るあっさり絵の具と，図②の運動場に直接出して油絵の具のように使うこってり絵の具という出し方がある。描く題材や制作期間によって使い分けをしたい。

### ●混色の基本

パレット上でよく見受けられる混色の失敗は運動場で際限なく混ぜてしまうこと。右図のように２色から少しずつ取り合わせ，はじめの色をつくることが肝要である。もちろん６原色（赤，青，黄，緑，橙，紫）を基本とした色の学習は別に行うが，パレット上でのこの混ぜ方は身につけさせておきたい。なお，筆を立てて混ぜると絵の具の濃度が調節しやすい。

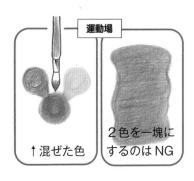

運動場

↑混ぜた色

2色を一塊にするのはNG

### ●片付け方

◇あっさり絵の具（透明水彩のような使い方をした場合）
　①教室はそのままで洗わない。
　②運動場の汚れを濡れティッシュか雑巾で拭き取る。
　　片付けが非常に短時間で済み，次に使うときもすぐに作業に入ることができる。

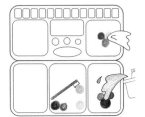

◇こってり絵の具（油絵の具のような使い方をした場合）
　①ティッシュで余った絵の具を拭き取る。
　②手洗い場でまずは筆洗の水を使って古歯ブラシで磨く。もちろん節水にもなる。
　③パレットを雑巾で拭く。

　片付けまで行って初めて「水彩絵の具を使える」ということになる。筆はしっかり水洗いして乾燥させ，その他の道具の余分な水分は雑巾で拭き取る。

**低学年** **全3時間**

# 世にもふしぎな●●かいじゅう

## ねらい

　水彩絵の具の入門期としてパレットは使わず，粉絵の具を水で溶き，水彩絵の具のようにした状態で色の美しさや混ぜると違う色ができること，水加減で伸び具合が違うことを知り，大きな紙にのびのびと，創造力を働かせて自由に描くことをねらいとした。

## 題材の概要

さあ，どんなかいじゅうができるかな？

　今回は安価でたくさんの量が確保できる粉絵の具を用いた。粉をあらかじめ溶いて水彩絵の具のようにして卵パックに入れて使うので，使い方としては水彩絵の具と同じ使い方となる。グループで共用するため広い場所でバケツを筆洗にし，とにかく子どもたちが絵の具で絵を描くことが楽しいと感じることができるよう題材設定や準備を行った。

## 材料や用具

●筆洗用バケツ（グループに1つ）　●ぞうきん（グループに2〜3枚）　●新聞4日分
●卵パック（グループに2〜3つ）　●水に溶かした粉絵の具　●二つ切り画用紙
●絵筆（太筆・中筆）　●クレパス（下書き用）

## 準備・注意点

❶　できれば通常教室ではなく，図工室あるいは体育館で行うことが望ましい。

❷　事前に粉絵の具を500㎖のペットボトルなどに溶き，水彩絵の具状態にしておく。

❸　卵パックはさらに前もって，職場や各家庭に声をかけ収集しておく。

❹　床の汚れが気になる場合は，大きいブルーシートを準備しておくと良い。

### ❶下書きは大まかにクレパスで描く（20分）

下書きは自分のイメージしたものを，クレパスでだいたいの大きさで輪郭線を描かせる。子どもたちが既存のキャラクターに流れないようにするためにタイトルが必要であり，その時々に頭に浮かんだイメージを大切に，どろどろぐちゃぐちゃではないが，ある程度自由に描くことができるよう大きな画用紙を使わせている。

**4**

水彩絵の具で描く題材

### ❷絵の具を卵パックに出し，描く（70分）

下書きにそれほど時間はかけず，卵パックに絵の具を出し（卵パックに絵の具を入れる作業は教師が行っても良い）色で描く活動に入っていく。その際，色を変えるときはきちんと筆を洗い，雑巾で水分を拭いてから，違う色に筆を付けることを意識させる。混色したい場合は，自由に卵パックの中で混ぜても良いことを伝える。ただあまり何色も混ぜると色が灰色になってしまうことも伝える。

### ❸お互いに鑑賞する（45分）

子どもたちは絵の具を混ぜることに興味津々でどうしても色が混ざりすぎて汚くなるがそれもまた経験である。きれいな色を使いたいと言ってきたら，新しい卵パックにきれいな絵の具を出してあげれば良い。描く際には下書きはしていないので，自由に思いつくままにどんどん筆を動かすことを伝える。完成後は紙が大きいが，きちんと貼り出してあげて鑑賞会を行う。

## 19 低学年 全6時間（各2時間×3）

# どろどろ・さらさら・しゃぶしゃぶ絵の具

### ねらい

　絵の具の使い方の基本を学んだ子どもたちに，実際に絵の具を使って水加減や混色の基本や感覚を知ることをねらいとした。

### 題材の概要

　それぞれ2時間扱いで3回に分けて行う。中高学年の子どもの声でよく聞くのは，「下書きはうまくいったんだけど，色塗りで失敗するから……」というものである。着彩での失敗は水加減や混色が大半で絵の具を自在に扱えるようになると子どもたちの表現の幅はぐんと広がる。

　道具の使い方にも慣れさせることも兼ねて，絵の具を使うことが楽しいと思える取り組みにしたい。

3回分掲示すると分かりやすい

### 材料や用具

「さらさら絵の具」…●10cm四方白画用紙　●絵の具　●綿棒（各グループに1パック）

「どろどろ絵の具」…●10cm×20cmの白画用紙　●絵の具（パレットのみ）●手拭き用雑巾

「しゃぶしゃぶ絵の具」…●B5サイズの和紙（版画用）　●絵の具　●霧吹き

### 準備・注意点

❶　基本的な水彩絵の具の道具の使い方は事前に行っておく。

❷　作品を貼る一回り大きめの台紙や，一括掲示の模造紙は準備しておく。

❸　綿棒は100円均一などで豊富に準備しておく。

❹　どの題材も1人1枚の紙ではなく，どんどん試すことができるよう多めに準備する。

## ❶基本の「さらさら絵の具」をつくって描く

通常よく使う水加減である「さ
らさら絵の具」をつくり，パレッ
トの使い方を守りながら混色して
いく（混色時は筆を使わせる）。
そして10㎝四方の画用紙にでき
た色を綿棒でスタンプしていく。
いろんな模様を考えながらさせる。
早くできた子には２枚目を渡して
あげる。

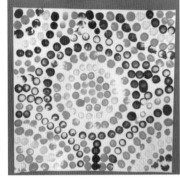

## ❷「どろどろ絵の具」をつくって描く

水をほとんど使わず，油絵の具の
ように盛ったり，乗せたりしていく。
筆洗や筆は不要。縦10㎝，横20㎝の
画用紙に自分の好きな色や，混ぜて
できた色を指でスタンプしていく。

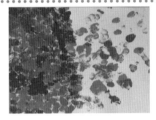

指が汚れたら手拭き用雑巾で拭き，次の混色をすれば良い。小
さな紙であるが子どもたちが指でスタンピングして全面を埋め
るにはある程度の時間が必要である。

## ❸「しゃぶしゃぶ絵の具」をつくって描く

一番子どもたちが気に入って取
り組むのが，この滲みを楽しむ
「しゃぶしゃぶ絵の具」である。

机の上に古新聞を敷き，Ｂ５サ
イズの和紙（版画用）に霧吹きで
水をかけ，多めの水で溶いた絵の
具を垂らしたり，筆で撫でてみた
りする。するとじわーっと広がる
絵の具の色に歓声が上がる。でき

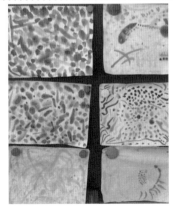

た後は水分が多いので乾燥棚を使い，早くできた子には２枚目を渡してあげると良い。

**20** 中学年 全3時間

# めざしを描く

## ねらい

光り物の魚が乾燥した独特の質感やその色彩を絵の具でどう表現するか，隅々まで観察する眼を育てることをねらいとした。

## 題材の概要

 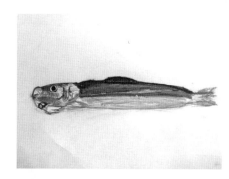

少し大きめのめざしの方が描きやすい

見て描く絵の題材としてよく取り上げられる「めざし」である。その干すときに開かれた顎やえらの部分の奇怪な形，水分が抜けることによって出てくる独特の胴体，尾ひれなどの質感，それでいてきれいに残っている目など，手に収まるサイズのモチーフでありながら追究するところはたくさんある題材である。下書きの鉛筆もしっかり形を取り，メインの着彩で先の細い0号筆を使いながら色の変化を表現して欲しいと考えた。

## 材料や用具

●九つ切り半分の画用紙（白・薄水・青もしくは黄ボール紙）　●絵の具　●0号絵筆
●試し塗りの用紙（描く紙の半分）　●めざし（できるだけ大きめ。1人1本）
●ビニール袋（描き終わった後，めざしを持ち帰らせるため）

## 準備・注意点

❶　食物アレルギーは事前に確認しておく。

❷　できるだけ大きめのめざしを準備する。

❸　絵の具の予備として，赤・黄・青・白を各3本ずつ準備しておく。

❹　可能であれば用務員さんに七輪に火を起こしてもらっておく。

## 授業の流れ

### ❶下書きをする（45分）

　右利きの子はめざしの頭を左に，左利きの子は頭を右に置く。頭の先から尾びれに向かって描いていく。開かれた口や顎，エラの部分はしっかりと線を追って描くようにさせ，着彩のときにどこをどう塗って良いか分からなくなるのを防ぐ。下書きの段階で，実物よりも多少大きくなることは構わないが，小さくなってしまうことは避けたい。これも着彩で色の追究ができないからである。

### ❷着彩に入る（45分）

　形をしっかり取っていく下書きは頭からだが，着彩はどこからでも良い。ただ子どもたちの絵の具の中に銀色が入っているセットを持っている子がいるが，光っている部分を安易に銀色で塗らせることはしない。あくまで混色して自分で色を見つけさせるようにする。水加減に関しては最初は少し水を多めに薄く着彩させる。その後必要に応じて濃くしたり，違う色を置いていったりして実物に近づけるようにさせる。

### ❸鑑賞のあと，できればみんなで食べる（45分）

　完成後は磁石で黒板に貼って鑑賞会を行う。自由に黒板の前に集まり，それぞれの作品を見合う。そして，できれば火を起こした七輪の上でめざしを焼き，みんなで食べて終わりにするのもありと考える。食べ物モチーフではよくあることで，果物であったり，野菜であっても食べて終わりにすると子どもたちもよろこぶ。ただ事前にアレルギーのある児童への配慮はきちんと行う必要がある。

# 自分の靴を描く

## ねらい

　登下校あるいは放課後遊びに行くとき履いている靴。自分の生活になくてはならない物の一つであるとともに，立体感や奥行きを表すといった造形課題も含み，良いものを描きたいという中学年の子どもたちに描き上げさせることをねらいとした。

## 題材の概要

　中学年でよく取り上げられる題材であるが，何をねらって描かせているのか分からないものが多いと感じる。自分がお気に入りで普段よく履いている靴であるから，そのロゴやカラーリングに着目させるのはもちろんのこと，足を入れる部分と足の甲を覆うアッパー部分とのバランスや，向こう側へ行く線の追究，靴底の部分との境界線など注目して描か

自分の靴を描くことで自分を見つめる

せる点は数多い。この時期の子どもたちは，ある程度対象に寄せて描くことに満足感，達成感を感じ，下書きの段階から慎重に進めていく傾向がある。その失敗したくないという気持ちも理解した上で，ある一定靴の形が取れるようなスキルの指導は必要であると考える。

## 材料や用具

●九つ切り水彩画用紙（マーメイド）　●下書き用鉛筆（ＨＢ）　●自分の靴（片方で良い）
●靴を置く台紙（反古紙で良い）　●絵筆（０号，６号）　●色見つけシート

## 準備・注意点

❶　自分の机の上を整理整頓させる。

❷　自分の靴の泥汚れなどあれば，あらかじめ処理しておく。

❸　下書き用の鉛筆は濃いものではなく，ＨＢ程度のものを削っておく。

❹　当日靴を履き忘れてくると困るので，前々日ぐらいから前もって連絡はしておく。

### ❶まず大まかな靴の大きさや形を取る（45分）

紙に靴を置き，つま先と踵までの長さを測り，印を入れる。そしてその印をつなげるように，つま先と踵の間にある縫い目やパーツの線を描き込んでいく。基本的にはつま先が左向きで描くことが多いが，上から見た靴を描こうとする場合でも同じように形を取っていく。このときに注意したいことは実物よりも下書きが小さくならないようにすることである。

### ❷着彩の前に6原色を学ぶ（45分）

下書きが終われば着彩に入るのであるが，この前にワンクッション置いて『絵の具の6原色』指導を入れたい。筆洗やパレットの使い方の復習も兼ね，青・赤・黄＋橙・緑・紫の混色の基本を押さえてから複雑な靴の着彩に入ることは子どもが自分で色を探していく大きな一助となると考えている。

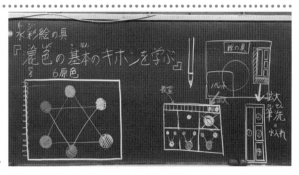

実際の板書写真

### ❸色見つけシートを使いながらていねいに着色する（制作180分＋鑑賞45分）

Ａ５またはＢ６ぐらいに切った試し塗りの紙に穴開けパンチで穴を開け，そこに靴の一部分を当て，どんな色か確認し，その周りに試し塗りをしていく。『色見つけシート』も使いながら着彩を続けていく。完成後はお互いに鑑賞会を行うことが望ましい。

思い思いの置き方で…

少しずつていねいに，慎重に…

色づくりはパレットで分かる

色見つけシートを使って

4

水彩絵の具で描く題材

中学年　全3時間

# 友だちを描く

## ねらい

　水彩絵の具の基本を学んだ上で，人間の顔のパーツ（目，鼻，口，耳など）を意識させたり，顔の中にある肌色一色ではない，様々な色に気づかせたりして，着色の仕方を工夫することをねらいとした。

## 題材の概要

　水彩絵の具の使い方を学習し，ある程度使うことに慣れた頃，高学年になればなるほど描くことを避ける傾向にある人間の顔を描かせることにチャレンジさせる。ややマニュアル的になるかもしれないが，顔のパーツ（目，鼻，口，耳など）の実際の位置関係や正面から見たときの髪の毛の割合をしっかりと捉えさせ，これからの表現活動に生かすこともねらっている。

　幸いこの時期の子どもたちはクラスの仲間同士お互いに向かい合って，自分たちの顔を描くことにはさほど抵抗はなく，興味関心をもって取り組むことができる。ただそのときのクラスの状況によってペアを組むときに配慮が必要な場合がある。

顔の構成を捉えた塗り方をさせよう

## 材料や用具

●九つ切り画用紙（白，クリーム，薄黄）　●絵の具　●絵筆（0号，6号，14号程度）
●Ｂ４コピー用紙（反古紙でも良い）　●鉛筆（下書き用）　●試し塗りの紙

## 準備・注意点

❶　実施当日の出席状況を確認する。
❷　教室の机をお互い向かい合う形にする。3人の場合もある。
❸　子ども同士の人間関係に配慮する。
❹　絵の具の予備として，赤・黄・青・白を各3本ずつ準備しておく。

## ❶顔のパーツを確認する（20分）

描く紙と同じ大きさのコピー用紙を使って，顔のパーツを確認する『お面』をつくってみる。

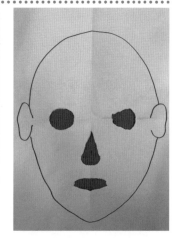

紙を顔に当てて，指で目や鼻，口の位置を見つけ，そこを破って穴を開ける。その後目を真横に伸ばした先に耳があることを確認し，両耳の下から顎の線を描き，顔の上半分の線をつなげばお面の完成である。子どもたちは楽しみながら，顔のパーツの位置確認ができる。

## ❷お面を交換して，下書きに入る（25分）

先ほどつくったお面も参考にしながら，まず描く紙に顔の輪郭である縦型楕円を描く。ここが小さいと大変色が塗りにくくなるので，どうしても小さくなってしまう子には，教師が描いてあげることも必要である。その後，ペアの子のお面を敷いて，だいたいの目や鼻，口などの位置の見当をつける。位置の見当だけなのでパーツの形はしっかりと見て描かせる。

## ❸お互い向かい合って，着彩する（90分）

下書きができれば，色に入っていく。特に肌の色のつくり方は着彩の前に一旦指導を入れることが望ましい。絵の具セットの中にペールオレンジがあるがそれのみで安易に塗り進めることはさせず，お互いの顔を見ながら，顔の中にもいろんな色があることを発見させ，いろんな色づくりを経験させたい。髪の毛も黒くベタ塗りするのではなく毛の流れを意識させるよう着彩前オリエンテーションを行うようにしたい。

## 23 中学年 全2時間 空豆を描く

### ねらい

空豆の外側を描くのではなく，中身を開けてその柔らかい綿のようなもので包まれた豆の状態をよく見て観察して描くことをねらいとした。

### 題材の概要

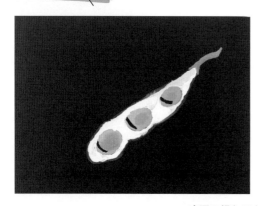 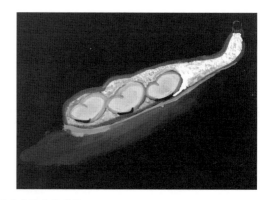

空豆の緑とワタの白を映えさせる

空豆という和名の由来は豆果が空に向かってつくため付けられた名前で，５月ぐらいに収穫され，長さ20〜30cmほどの莢（さや）には３〜４個の種（豆）が含まれている。比較的題材としては手に取れるぐらい大きく，中を開けると真っ白なワタや綺麗な緑の豆が目を引くものである。ワタの白もきちんと表現してもらうため，黒の画用紙を使い，絵の具のチューブから出した緑ではない空豆の特有の淡い緑色を混色で行うため水彩絵の具を用いた。

### 材料や用具

●八つ切り半分の黒色画用紙　●試し塗りの黒画用紙（描く紙の半分）●絵の具　●０号絵筆
●空豆（１人１本）●ビニール袋（描き終わった後，豆を持ち帰らせるため）

### 準備・注意点

❶　空豆がスーパーで出回る時期を考えて，実践する。

❷　絵本『そらまめくんのベッド』（作・絵なかやみわ）は入手できればで良い。

❸　絵の具の予備として，赤・黄・青・白を各３本ずつ準備しておく。

❹　事前に混色の基本「青＋黄＝緑」の練習をしておくとより良い。

## 授業の流れ

### ❶空豆との出会いを演出する（15分）

　いきなり空豆を見せることはせず，空豆の絵本を読み聞かせしたり，紙袋に入れて空豆がどんな豆か想像させたりして題材との出会いを仕組む。給食でたまに出てくる枝豆とは違って，かなり大きな莢に驚く子どもがほとんどである。そして外側の莢を開き，美しい緑色の空豆との対面である。その後，その中にある色見つけの時間を取る。見つけた色は黒板に書き，みんなで共有する。

### ❷空豆を描く（55分）

　黒色画用紙の上に空豆を置き，両端に印を入れて外側の輪郭を鉛筆で取る。あとは即絵の具に入る。莢や豆自体の大きさに加え，莢を開けてまず子どもたちが反応するのはその白い柔らかそうなワタと，色鮮やかな空豆である。空豆に関してはその淡い独特の緑をどうつくるかがポイントで，ワタに関してはその質感をどう絵の具で表現すれば良いか，試し塗りの紙を十分使って考えさせたい。

### ❸みんなで鑑賞する（20分）

　完成後は磁石で黒板に貼って鑑賞会を行う。自由に黒板の前に集まり，それぞれの作品を見合う。描いた後，つくった後に必ず相互鑑賞の時間を取ることは集団づくりの観点からも重要である。その後莢は捨てて，空豆はビニール袋に入れて持ち帰らせる。家で茹でて食べるときに家族との会話が想像される。後日に空豆を食べた感想を聞いても面白い。

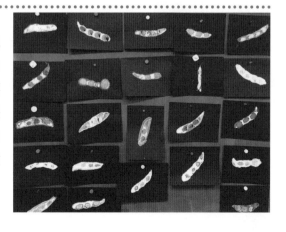

高学年　全2時間

# 車エビを描く

## ねらい

　海の生き物たちは本当に様々な形態や色彩を有していることが多い。この車エビもその一つで，甲殻類特有の殻をもち，少し硬そうだが艶がある胴体の部分や，先が尖った独特の頭部，青，赤，黄が入った尾びれ部分などをよく観察して，表現することをねらいとした。

## 題材の概要

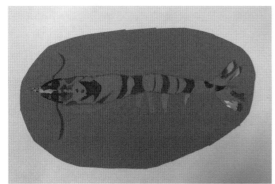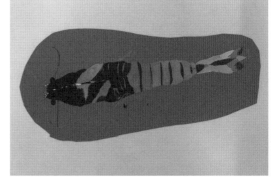

描いた用紙は丸く切らなくても良い

　鮮魚店でおがくずに包まれ，まだ生きている状態で教室に持ち込む。車エビの体の構成や色彩についての情報共有を行った後，下書きをせず，触角の先や頭部の先から直接色で描いていく方が良い。

　ただし，なまものであるので時間はかけずその日のうちに仕上げてしまうことが必要である。

## 材料や用具

●九つ切り画用紙（白・水色・灰色）　●車エビ（1人1尾）　●エビを置く台紙（反古紙で良い）
●絵筆（0号，6号）　●試し塗りの紙　〔●カセットコンロ　●焼き網　●紙皿〕

## 準備・注意点

❶　自分の机の上を整理整頓させる。

❷　どうしても形や大きさを取りたい場合は下書きも可とする。

❸　アレルギーのことも考え，実施時には十分に配慮を行う。

❹　描き終わった後，エビを焼いて食べる準備も行っておく。

## ❶車エビを観察する（15分）

おがくずから出した車エビとの対面である。こわごわ触る子，興味津々にしげしげと眺める子など様々である。そこから車エビから発見することをみんなで確認していった。甲殻類特有の殻や頭部の形状，分かりにくくたくさん出ている脚，3色に分かれた尾びれなどこちらが気づいて欲しい点はほぼ共有し，「早く描きたい」という気持ちが高まっていった。

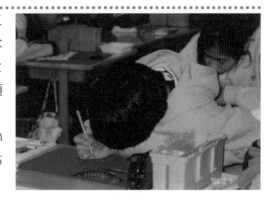

## ❷下書きなしで着彩する（60分）

この作品は非常によく観察ができているもので，大きな黒い眼や胴体の殻の縞模様，体の各部分に見えた赤や青の部分，本当に3色に分かれている尾びれの表現など，よくここまで短い時間で描写したと感じる。少し薄めの着彩を行い，きちんと乾いてから次の色を重ねていくことで車エビの微妙な色の変化を表わすことに成功している。ポイントとしては絵の具を溶く際の水加減に注意するよう声かけを行う。

## ❸みんなで鑑賞する（15分）

鑑賞会の折，これを描いた子は車エビと対面したときから，「こんなの描けないよ……」と思っていたそうである。それでも頭から胴，尾まで描き，尾びれの3色まで描き上げると本当にホッとした表情を浮かべていた。しかし，上から車エビを見て描いていたこともあり，脚の部分が見えそうで見えない微妙な位置であった。脚はなくてもいいよと言ったのだが，次に見てみると何とか脚を描き入れ，自分の車エビを完成させることができた。表現とは順風満帆にいくときもあれば，そうはいかないときもある。そこにどう立ち向かわせたり，寄り添ってあげられるかが指導者として大切なところである。

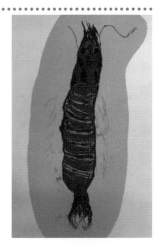

**高学年** **全6時間**

# ジーンズを描く

## ねらい

　ジーンズがもつ濃淡やかすれ具合など素材特有の色や，丈夫に縫い合わされた縫い目の部分など，変化に富んだ題材をよく観察して描くことをねらいとした。

## 題材の概要

　描くことによって自分で自分を振り返らせるために自分の物を題材とすることは多い。この題材のジーンズも普段からお気に入りでよく履いている物であったり，買ってもらったときのことや，それを履いていたときに起こったエピソードがあると考えられる。さらに自分が描きたい置き方，角度も考えた上で描いていく。「ここの色の落ち具合が描きたい」「このロゴが気に入っている」などそれぞれが思い思いのジーンズを描き残そうとする。

　そのジーンズの微妙な色の落ち具合や，縫い目，破れた部分を表すのに水彩絵の具が適当と考えた。ジーンズ自体，縦糸と横糸の縫製品なので，その部分もよく見て塗り方を考えるように伝えた。かすれ具合や質感は納得いくまで試し塗りの紙でチャレンジすることも伝えた。

「お気に入りの黒デニム」

## 材料や用具

●九つ切り白画用紙　●絵の具　●絵筆（0号，6号，12号）　●試し塗りの紙
●お気に入りのジーンズ（ジーンズが無い場合は代替品）　●画板

## 準備・注意点

❶　事前にジーンズがあるかどうか確認しておき，無い場合は別のお気に入りを準備させる。
❷　絵筆0号を個人で持っていない場合は，クラスで共用できるよう準備する。
❸　塗り方や混色でたくさん試し塗りの紙を使うので準備しておく。
❹　ジーンズを置くのが自分の机になるので，画板を準備しておく。

## ❶まず「ジーンズ」にまつわる話をする（20分）

　それぞれが自分のジーンズ（どうしてもジーンズが無い子は一番気に入っているズボン）を持参し，まずそれをどこで，誰に買ってもらったか？　買ってもらったときや履いて何かをしたときのエピソードはないか思い出し，発表させる。全員でなくともグループで描く前に対話させてみても良い。

## ❷置き方を考える（25分）

　自分の机の上にジーンズを置いて描いていくのであるが，どんな形や角度で描いていくかを考える。きれいに折り畳む子，ロゴが見えるように置く子，脱いだ状態を描こうとする子，様々である。描く前のこの時間はとても重要で，子どもたちの心の中に高学年ならではの，描きたい気持ちと自己の描写力との葛藤が生まれる。途中で描くことを投げ出させないためにも十分に時間を取ってあげたい。

## ❸慎重かつ大胆に塗る（制作180分＋鑑賞45分）

　下書きは大まかな形だけを取り，それほど時間をかけず色で表現することを重視した。パレットに自分が描こうとするジーンズにある色を見つける。だいたいの子は青，白，黒，紺，黄色の絵の具を出していた。その後，水を多めに太筆で絵の具を置いていく。ジーンズ特有の色の落ち具合やしわなどがあるので，筆の運び方は縦横に単調にならないよう注意させた。注意したいのは先にロゴや縫い目，生地と生地を留めてあるリベットなどを先に塗ってしまうことである。どうしても先に塗りたい気持ちや描きやすいこともあり手が出てしまうのだが，先に生地から塗らせたい。

高学年　全9時間

# 学校の風景を描く
## ～「自分がいた時間」～

### ねらい

　卒業を目前にした子どもたち一人ひとりの，学校での友達との思い出や様々な出来事の中から，自分で絵に表したい場面や場所を選び，描くことを通して自分自身を振り返ることをねらいとした。

### 題材の概要

いつもこの場所で……

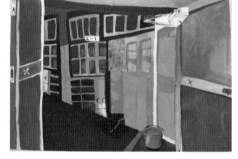

思い出の2年教室

　まずオリエンテーションで，単に学校の中の風景を描くわけでないということを押さえておきたい。テーマとして自分がそこにいた6年間（転入生は6年ではないが）を振り返り，将来自分の絵を見たとき，「ああ，この学校，このクラスで良かったな……」と思える絵にしようと投げかけた。かなり長い時間をかけて描いていくので，自分が決めた場所やシーンの写真は参考資料として記録した。必要に応じて見たり，あるいは現場に行って確認したりすることも可能とした。

### 材料や用具

●四つ切り水彩白画用紙　●絵の具　●画板　●養生テープ　●デジカメ　●試し塗りの紙

### 準備・注意点

❶　画板に画用紙を張り，周りを養生テープで貼る。

❷　学校敷地内でも進入不可の場所などの事前確認を行う。

❸　場所や場面が決まれば，早めに写真を撮っておく。

❹　当日いきなり描きたい場所を探させることはせず，前もって予告し考えさせておく。

## ❶画板に画用紙を養生テープで貼り付ける（90分）

　ある一定長い時間かけて制作を行うので，やはり画板は必要である。さらに画用紙の周りを1〜2cm養生テープでマスキングして貼り付ける。これで描いている最中，画板から絵がずれることもなく，画面の端まできちんと着色することができる。完成後は周りをカッターで切ると，変に白いところが残らない作品に仕上げることができる。その後下書きに入っていく。

## ❷下書きから校舎を中心とした風景を描く（270分）

　立体である建物はなかなかに複雑である。この題材では前もって，自分が描こうとする場所を写真に撮り，それを参考に進めた。手前に広がる運動場の砂や土の色も，茶色一辺倒でもない，簡単そうで描きにくいものであったが，穂先を切ったウェザリング用の絵筆で砂粒の感じを出させたり，もう一度実際の場所に行って確認したりするよう声をかけた。

## ❸仲間との関わりを描く（鑑賞45分）

　右の絵のように友達と過ごした時間を描かせる場合はまず場所やメンバーの位置を決めさせる。その後写真を撮り，描いていく。ただ単なる再現描写ではなく，描く前のオリエンテーションの中で，なぜ今この絵を描くのかをきちんと子どもたちの中に理解させる必要がある。完成後はお互いに鑑賞会をする。

**高学年** **全8時間**

# 物語を描く
## ～『よだかの星』宮沢賢治～

### ねらい

　国語科とリンクしながら話のテーマを読み取り，その内容における場面や情景を表すことにより，物語のテーマを自分のテーマとして表現することをねらいとした。

### 題材の概要

　この物語は主人公である「よだか」が生きるためには虫を食べなければならず，しかしそのためには虫を殺さなければならない，やがて自分も鷹に殺されるといった「生と死」の葛藤を大空を飛びながら接する風景に込めて書かれたものである。

　まず子どもたちには，ほとんど見たことがない「よだか（よたか）」という鳥（剥製）と出会ってもらった。そこから物語の読み込みに入り，場面ごとの心象風景のスケッチをして，どの場面を描きたいか考えていった。話し合いの末，どの子も最後の場面を描くことになった。

　教科書には載っておらず，読解も難しい話であるがクラスの状況もあり，宮沢賢治作品に触れ，「生きること」，「生かされていること」を高学年の子どもたち一人ひとりが考え，これからの生活に生かしてくれることを願った。

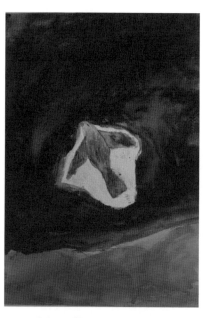

よだかが昇天する最後の場面

### 材料や用具

●九つ切り水彩白画用紙　●絵の具　●絵筆（0号，6号，12号）　●試し塗りの紙

### 準備・注意点

❶　事前に図鑑や資料（あれば剥製）で，鳥類の身体のつくりなど観察する。

❷　鳥類スケッチはこの本制作の時間と別に設定する。

❸　場面ごとの心象風景スケッチは最大A5の大きさまでの紙で行う。

❹　様々な心象を色彩で表すための絵の具練習も事前に行う。

### ❶「よだか（よたか）」（鳥類）をスケッチする（90分）

　まず物語の中に登場する鳥類のことを調べ，図鑑や写真を見てスケッチを行った。描画材としては鉛筆やペン先0.4㎜程度のペンで行った。これは物語の絵を描く際に，あまり鳥の描写にばかりこだわりすぎてしまうと，本来の目的である物語のテーマから自分の表現を考える時間が少なくなってしまうからである。しかもよたかや鷹は普段あまり見かけない鳥でもあるので，このときはよだかの剥製を準備した。

「よたか」スケッチ（鉛筆）

### ❷最後の場面で自分の表現を追究する（本制作225分）

　本制作とは別の時間内で場面ごとに絵の具スケッチ（45分×2）は行わせたが，話し合いの末ほとんどの子が最後の場面を絵に表したいということになった。宮沢賢治独特の作品世界を通して，どうやれば奥行きのある色や構成ができるか？　このときのよだかの気持ちを表す色は？　筆も主によだかの表現に使う細いものや深く広がる背景を塗る太いものまで使い分けるよう伝えた。

### ❸「よだかの星」を描いた後改めて，お互いに鑑賞する（45分）

　鑑賞会において，右の作品ははじめよだかの奥にある背景が非常に明るい青を基調とした色で塗られていた。しかし，最後の場面のよだかの心情や物語のテーマを考えたとき，「この色ではない……」と上からもう一度色を塗り直したものである。同じ子どもが描いた作品かと見違えるほど絵の印象が変わったのである。

　このように子どもがそれまで薄い，淡い捉えやイメージで描いていたものが，急にスイッチが入ったように劇的に変わることがある。これが自分の表現にたどり着いたときなのではないかと考えている。

## 28 高学年 全6時間

# 生活の絵を描く
## ～「これがウチの家族です。」～

### ねらい

　子どもたちにとっていちばん身近な家族を題材に，家族の生活の一場面を切り取ったスケッチを重ねながら，描きたい一枚を選び，描くことで生活を見つめ直すことをねらいとした。

### 題材の概要

台所のお母さん

風呂上がりのお手入れ

　約2～3ヶ月の期間を設け，オリエンテーションから背貼り製本（ペン・マーカーの指導テクニック p.31参照）で簡単スケッチブックをつくり，家族との生活の一場面を描き溜めていく。その後，自分がいちばん描きたい場面のスケッチを本制作として水彩絵の具を使って描いていく。

### 材料や用具

●九つ切り水彩画用紙もしくはその半分（選択制）　●水彩絵の具　●0号，6号筆
●雑巾　●描き溜めたスケッチブック

### 準備・注意点

❶　事前に家庭内スケッチが可能かどうか，子どもたちの生活の様子は確認しておく。

❷　簡単スケッチブックは，最初B5用紙5枚程度を背貼り製本して作成する。

❸　スケッチ期間を経て，第1時の前にスケッチブックに表紙を付けて，本にしておく。

❹　九つ切りの紙は半分サイズもあらかじめ切っておく。

## ❶スケッチを描き溜める

　はじめにどんな家族の場面をスケッチするのかということや，スケッチを積み重ねることで描くのが難しい人間の練習も兼ねることを伝える。基本的に鉛筆で良いが，塗りたい部分があれば色鉛筆で着色しても良いことも伝える。子どもたちが描いてきたスケッチにはコメントや描画の技術的に無理のない範囲で修正を促す朱書きを入れながら，スケッチを通して子どもたちとつながることも含んでいる。

## ❷定期的に「みんなでスケッチの会」を行う

　スケッチを描き溜めている期間に定期的にペアを組んでお互いがモデルとなり，5分交代でスケッチしていく時間をとる（45分を数回）。また大きなスクリーンにプロスポーツ選手の静止画などを写して，時間を決めてスケッチする機会を設定しても面白い。年齢を重ねるにつれ描くことを嫌がる人間を，徐々に描くことに抵抗感を無くしていくことがねらいである。スケッチ期間は最低1ヶ月ほどとりたい。

## ❸本制作に入る（スケッチ交流30分＋本制作240分）

　描き溜めたスケッチを製本し，お互いのスケッチについて交流する時間をとる。その後自分が描き残したい家族の姿を表した1枚を選ぶ。もちろん本制作の下書きなので，スケッチのようにザッと描くのではなく，後の着彩まで考えて鉛筆で下書きをさせる。描く用紙の大きさは子どもに選択させる。完成後は作品の自己評価を書いたラベルを添付し鑑賞会を行う。

# 今，いちばん残したい手を描く

## ねらい

　人間の手の表現にはその人の雰囲気や気持ちが表われたり，そのときの周りの情景が想像できたりすることがある。自分を含め様々な手に注目し，願いや気持ちを込めた手の表現を追究することをねらいとした。

## 題材の概要

　この題材は1学期に取り組んだ「震災絵本」(p.52) の続編である。震災絵本には，数多くの人間が描かれていた。さらに人間同士が「支

いつもの夕食風景

お米を洗ってくれる母の手

える手」「差し伸べる手」など多くの表情や情景をもった手の表現が数多く見られた。震災絵本を描いた子どもたちが，被災地で困難な生活を強いられている人々のことを考え，自分の今の生活を振り返り「いちばん残したい手」の表現にたどり着くことを願った。

## 材料や用具

●水彩画用紙（白色九つ切り）　●絵の具　●鉛筆　●試し塗りの紙
※以下は本時の前までのもの
●鉛筆（B，2B，4B程度）　●小刀　●小さいトレー（削りカス入れ用）
●B5サイズのコピー用紙（簡易スケッチブック制作用）
●手の部分をトリミングした名画のカラーコピー（例：A・デューラー『祈る手』など）

## 準備・注意点

❶　手の表現がはっきりと分かる名画は絞り込んでおき，複写を入手しトリミング加工も行っておく（数点準備して子どもに選択させる）。

❷　名画の手の部分や自分の手，家族の手のスケッチも重ね，本時までに十分時間をとり，ある程度のスキルアップは行っておく。

## 授業の流れ

### ❶名画の手の模写やスケッチを描き溜める

　子どもたちにとって手を描くことは簡単なようで難しい。ある程度の時間をとり，テーマも変えながら手を描くことに慣れさせたい。特に名画の手の部分を模写させるときは全体の絵も提示して，この絵がどうして描かれたか，この絵からどんなことを感じるかなどの鑑賞も取り入れることが望ましい。スケッチやデッサンを重ねて描くスキルを上げることも大切であるが，手の表現に対する感性を磨いていくことも重要である。スキルだけでは本当の自分の表現は出てこない。

手のスケッチ例

### ❷これから描く１枚を決める（45分）

　右写真のように子どもたちが描いたスケッチはみんなが鑑賞できるように掲示しながら，２学期12月はじめに，描き溜めた自分や家族の手のスケッチをもとに本制作に入っていく。本番の１枚が決まれば各自鉛筆で下書きに入っていく。今度は絵の具で色を付けるので，スケッチよりもていねいに線を描くということを伝えた。

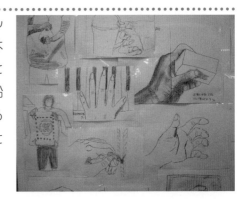

### ❸鑑賞会をする（制作180分＋鑑賞45分）

　祖父の墓前で合わせる手や母が洗い物をする手など，長い期間スケッチを重ねてきたからこそ，こういった視点をもつことができたのではないかと考える。描いている最中は手や指の描写が難しい点にはアドバイスを行い，完成後は題名をつけ，「どうしてこの絵にしたか」などを発表して鑑賞会を行う。

## 30 高学年 全8時間
# 今を生きる自分の幸せを描く

### ねらい

　卒業間近の今，当たり前のように普通に食事をしたり，学校へ通ったり，友達と遊んだりできることが，どれほど大切で多くの人に支えてもらっているかということを，描くことで考えることをねらいとした。

### 題材の概要

題：輝かしい食事　　　　　　　　　　　　題：仕事帰りの父

　この題材は1学期の「震災絵本」(p.52)，2学期の「今，いちばん残したい手を描く」(p.78)の続編で，遠く離れた地で起こった未曾有の大震災を決して他人事にせず，自分事として考えた場合，詰まるところ自分や家族に行き着いた。数週間の「幸せスケッチ」を経た後，自分が本制作として描いていきたいものを選び，描いていった。卒業を控えた時期に，表したいものを一つ一つていねいに塗り込める黄ボール紙と絵の具を使い，じっくり心を落ち着けて描くことと，1年間震災のことを考え続けてきた自分への記念碑的な仕事として取り組むことを考えた。

### 材料や用具

●白画用紙または黄ボール紙（九つ切り）　●絵の具　●試し塗りの紙

### 準備・注意点

❶　図工室ではなく通常教室で，個別作業ができるようの机，椅子の配置を行う。

❷　黄ボール紙の特徴は事前にオリエンテーションしておく。

❸　白画用紙または黄ボール紙の選択は前もってしておく。

## 授業の流れ

### ❶まず家族のスケッチを描き溜める

　家族を題材とした生活の絵はどこの子どもたち
にもそこでの生活があり，ぜひ描いてほしいもの
である。そのためにはまず鉛筆で自分の家族の一
場面を切り取って，描いていく活動が必要である。
Ｂ６サイズのスケッチブックや，なければＢ５の
コピー用紙を半分に折って貼り合せていく簡易ス
ケッチブックをつくり，３ヶ月ぐらいはスケッチ
期間をとりたい。

水槽をのぞき込む父と僕

### ❷これから描く１枚を決める（45分）

　３ヶ月の間に定期的にクラスで子どもたちが苦
手とする人間のスケッチ練習の時間もとる。ペア
を組み，お互いに座ったりしてモデルとなり５分
交替したり，教室でスクリーンに投影した動きの
ある人間の写真を描き写すということもした方が
良い。放置していては子どもたちのモチベーショ
ンやスキルが上がらない。こういった上で描きた
い１枚のスケッチが生まれてくるのである。

お父さんの前に座る

### ❸自分自身を振り返る（制作270分＋鑑賞45分）

　ある程度スケッチで描きたいイメージは固まってい
るので，図工の時間が来れば子どもたちは自分で準備
し個別作業に入って行く。途中，配色や画面の中の構
成など相談や修正部分を伝えたり，「ちょっと疲れて
いるな……」と感じた子に声かけをしたり，あくまで
静かで集中できる教室をつくることを教師は心掛けた
い。完成後は自己の振り返りも付けて鑑賞会を行う。

妹との時間

**高学年** **全16時間**

# 紫陽花三部作　〜蕾・盛花・枯花〜

## ねらい

　紫陽花の蕾から満開の盛花，そしてそのまま枯れた状態まで追い続け，観察し描くことで自然や命の素晴らしさを知ることをねらいとした。

## 題材の概要

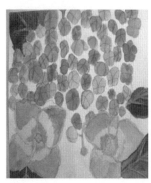  

同一児童の三部作（蕾・盛花・枯花）

　本校には非常に立派な紫陽花があり，種類もセイヨウアジサイ，日本古来のガクアジサイといくつかあり，梅雨時には色とりどりの花を咲かせてくれる。子どもたちも紫陽花の存在は知っているのだが，これまで描くことはしていない。花の命が最高潮に向かい始める蕾の時期から，枯れてしまった状態までを克明に描き続けることにより，命の尊さ，儚さを感じる良い機会ではないかと考えた。

## 材料や用具

- 九つ切り水彩画用紙横切り半分（蕾用）　●九つ切り水彩画用紙（盛花・枯花用）
- 紫陽花（蕾はグループに１本，盛花は１人１本）
- 絵の具　●絵筆（０号，６号）　●試し塗りの紙　●紫陽花を挿す花瓶（蕾，盛花のときのみ）

## 準備・注意点

❶　蕾は前もって剪定しておく。

❷　紫陽花が枯れないよう，花瓶には専用の薬品を入れておく。

❸　枯花は茎の下を凧糸で縛り，逆さに向けてドライフラワー状態で夏休みを越えさせる。

> **授業の流れ**

## ❶蕾を描く（6月：制作135分＋鑑賞45分）

グループに1本，紫陽花の蕾を一輪差し（なければ牛乳瓶）に差して置いた。いくつか紫陽花の種類があり，蕾自体はじめて見る子もいたのでしばらく鑑賞させてから描き始めた。指導としては淡い緑や紫，青中心の蕾の色を出すために絵の具の水加減に注意することと，小さくて丸い蕾の集合部分はルーペも使って良く観察することを伝えた。

## ❷盛花を描く（7月：制作225分＋鑑賞45分）

盛花に関しては1人1本，自分が描きたい紫陽花を選んでもらった。学校中庭にある紫陽花から自分が描きたい紫陽花を選び，剪定鋏で切り，一輪差しに差す。まずどの角度から描いていくかを決めさせた。その後良く観察して欲しいところは，やはり一つ一つ違う盛花の色である。小さな蕾から開いた花の花びら1枚ずつ着色していくつもりで塗るよう伝えた。その後硬くて太い茎や葉の表現に移っていった。

## ❸枯花を描く（9月：制作225分＋鑑賞45分）

夏休みが終わり，水分が抜けて完全に枯れた花を壊さないよう注意して机に置く。横に寝かせて描く場合や，立たせて描く場合は下に土台となる粘土を用いた。まず盛花にはなかった独特の色彩を残した枯花の観察をさせた。盛花以上に複雑で渋みのある色があり，技法として絵の具が乾いてから，色鉛筆で重ね塗りをして枯れた感じを出すこともアドバイスとして伝えた。

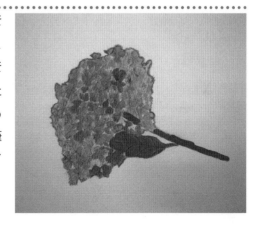

# 身近なもの・自然物の 指導テクニック

クレパスや絵の具以外にも様々な工夫や必要に応じて使うことにより，豊かな描画材の一つとなる。落ち葉や枝などそのものを使って何かを描く，ほかにも，割り箸を削ってペンにしたりして描く道具をつくり出すことができる。また，自然物から色を抽出して絵の具にしてしまうということもできる。いずれにせよ，子どもたちに，「えっ？」という驚きを与え，いつもとは違う表現を楽しませたい。

竹串で葉脈を描く

## ❶自然物を生かす
### ●草花の絞り汁を生かす

朝顔の絞り汁を使ったものは１年生でよくされているが，露草などの野草を集めて水出ししてもきれいな青色ができる。

朝顔の絞り汁を使って

### ●野菜や果物の絞り汁を絵の具に

タイトルの通り野菜や果物をすり下ろしたり，刻んだりしてからガーゼに包み，絞り汁を絵の具として使うというものである。絵を描くときの注意としては数回重ね塗りをしないと色が褪せてしまうという点である。ただ購入して野菜や果物を揃えるとなると，予算面で厳しいと考える。そこでこれは一つのアイデアだが，もし学校で畑があるなら野菜を子どもたちとともに育て，収穫し絵の具をつくって，絵を描いた後食べるという究極の自給自足型題材となり得るのではないかと考える。

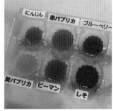 

## ●落ち葉や木々の枝を生かして

詳細は題材ページに掲載されているが，材料の色彩や形を生かしてそのまま貼り付ける。ただ，どんぐりなどの木の実を使うときは台紙の厚みやボンドが必要になる。

## ❷身近なものを生かす

### ●削ってペンにする

もちろん小刀の使い方をマスターしてからのことになるが，割り箸や竹串，あるいは小枝を削ってペンにする。これは高学年で筆より細い線表現が必要になったときに，よりニーズが高まる。

### ●縛ってペンにする

毛糸や化学繊維の束を結束バンドで留め，留めた余りのバンドの先を切り，割り箸に挟み込む。もう1本の結束バンドで縛り付けてペンにする。低学年なら事前に数本教師がつくっておいた方が望ましいが，高学年になると，絵を描く筆を自分でつくることから始めさせてもよい。

挟み込む材料もフェルト布や金たわし，綿，麻など家の中で探し，持ち寄って筆をつくり，その書き味を試しあうのも面白い活動になると考える。

### ●いろいろな生活用品を使って

右の写真は敷物の下に敷かれるすべり止めマットである。そこに絵の具で色をつけ，一版多色版画のようにするときれいな網目模様が写る。

このように普段は絵を描く道具ではないと思われているものでも，工夫とアイデアで子どもたちの興味関心をひくものに変わるのである。ただ使った後の材料やつくった道具の再利用のことも考えておかねばならない。

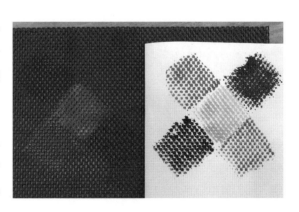

**32** 低学年 全6時間

# 手形動物園

## ねらい

　ある一つの形やシルエットをもとに，自分の想像力やイメージを膨らませてまったく違うもの・ことを生み出すことをねらいとした。

## 題材の概要

手形を動物にどう見立てるか？　子どもの想像力は面白い

　従来までによく見受けられた，あらかじめ教師が印刷した動物の型紙に色を塗って，檻や柵だけを描いて動物園としていた実践とは一線を画す題材である。子どもたちが遠足の動物園で見た動物たちを，それとはまったく違う自分の手形や足形に置き換えて表現するという高度な変換作業がこの題材のポイントである。作業工程も段階によって使う描画材が違ったり，作業の内容が異なっていたりするのできちんと時間を分けて行いたい。

## 材料や用具

●四つ切り白画用紙（台紙）　●八つ切り白画用紙（手形・足形）　●太筆
●絵の具（少人数ならゆび絵の具があっても良い）　●カラーペン（カラーマーカー）
●クレパス　●はさみ　●のり　●写真や図鑑

## 準備・注意点

❶　汚れ防止の対策はあらかじめ講じておく。

❷　基本的に手形で良いが，どうしても足形が取りたいという子が出ることを想定しておく。

❸　絵の具は混色なしでも良いが，よく使いそうな灰色などは事前に知らせておくと良い。

❹　動物をもう一度確認したいという子に備えて写真や図鑑を準備しておく。

### ❶まず手形（足形）を取る（90分）

　まず手形動物園をつくることを伝え，手形から動物への変身の見本を見せる（スライドショーなどがあればなお効果的である）。次に描きたい動物の色，例えばきりんなら黄色，猿なら茶色，象なら灰色で手のひらに絵の具を塗って手形（必要に応じて足形）を取る。中には足形が欲しいと言う子が出てくるが収拾が付かなくなる恐れがあるので一人１つで教師がしてあげると良い。

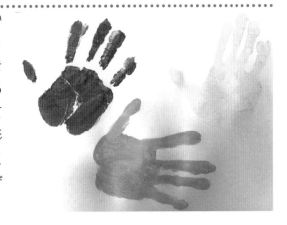

### ❷手形（足形）動物をつくる（90分）

　前時につくった手形に動物の顔をペンやマーカーで描き込んでいく。しっぽやたてがみなども付け加えて良いことを伝える。その次にできた手形動物の周りをはさみでていねいに切り取っていく。はさみの使い方に不慣れな子もいるので，十分に注意が必要である。特に指と指の間を切るときのヘアピンカーブが子どもたちにとっては難しいところなので，手元を大きく写す書画カメラで一緒にやってあげると良い。

### ❸それぞれの動物園をつくる（90分）

　最後の工程は四つ切り画用紙に，動物をレイアウトするための動物園を描かせる。柵や檻，水浴びをしていた大きなプールなど子どもたちは自分の記憶をたどりながら，思い思いの動物園をつくっていく。このときあまりに余白を残して動物を切っている子がいれば，少しカットしてあげることも必要である。

　完成後はお互いの自慢の動物を紹介しながら，鑑賞会を開きたい。

**中学年** **全2時間**

# 落ち葉や枝でつくる動物

## ねらい

　クレパスや絵の具以外のものを使って何かを描いたり，つくったりできることを知り，テーマに沿って自分の想像力をはたらかせてつくることをねらいとする。

## 題材の概要

色や形から想像力を広げてつくる

　秋になり校庭や中庭にはたくさんの落ち葉や木々の枯れ枝がある。それらを使っていろいろな生き物を表してみようというものである。教室に収集した落ち葉や枝を持ち込んでも良いが，できれば現場に行って子どもたちに歩き回らせて，使いたい自然物を探すことを体験させたい。テーマを変えれば落ち葉をちぎって貼ったりして，低学年でも取り組めると考える。

## 材料や用具

●八つ切りまたは四つ切りの画用紙　●木工用ボンド　●落ち葉や枝，木の実
●手拭き用雑巾

## 準備・注意点

❶　落ち葉や枝の衛生状態に十分配慮する（泥や落ちている場所など）。

❷　枯れているとは言え，植物アレルギーに関しては事前に調べておく。

❸　屋外で制作させる場合は天候に十分注意する（風が強いとすぐ飛ばされる）。

❹　落ち葉や枝を触ることが苦手な子には軍手を持参させる。

### ❶自分のイメージの落ち葉や枝を探す（45分）

今回は動物というテーマなので落ち葉や枝，木の実の色や形を考えながら，自分のイメージに合ったものを探させる。そしてその場で画用紙の上にレイアウトしてみる。その場で最後まで貼り付けることもできるが，主な部品だけを貼り付けて，残りの細かい部品は教室に持ち帰って，ゆっくり制作しても良いことを伝える。

### ❷ボンドで貼り合せていく（45分）

おおよそのレイアウトが決まったら，木工用ボンドを使い貼り付けていく。落ち葉の色や形を生かして動物の顔をつくる子もいれば，枝や木の実を使って物語のような場面をつくろうとする子も出てくる。

こういった自由度の高い題材は子どもに自由につくりたいようにさせてあげることが大切で，作品を挟んで「ここはどうしてこうしたの？」など会話をしたい。

### ❸低学年では水のりを使って取り組んでみる

低学年では写真のように落ち葉を髪の毛のように見立ててつくることも可能である。先に髪の毛以外を描いた後，落ち葉をのりで貼り付けるのである。低学年なのでボンドではなく，水のりを使わせることも配慮したい。

完成後はいつものようにみんなで鑑賞会を行う。落ち葉の季節しかできないことなのでタイミングを見計らって取り組ませたい。

**34** 高学年　全8時間

# うさぎを描く

## ねらい

　子どもたちにとって身近な動物，うさぎ。その物静かな目や，昔は防寒用として使われた毛皮，種類によって違う毛の色，いざというときに使う後ろ足の大きな筋肉など，愛らしいその中に命の偉大さを感じることをねらいとした。

## 題材の概要

どの子も「うさぎの毛は何で描けば良いのか……」悩んでいた

　動物アレルギーなどで最近は学校で小動物を飼育することが困難になっているが，当時は飼育委員会を中心にうさぎやあひるを飼育し，定期的に獣医の方にも来ていただき十分配慮していた。子どもたちにとってはこのうさぎは身近なもので，低学年のころから触れ合っている命である。そのうさぎを観察し，自分でうさぎの命を感じる部分や，生きているうさぎをどう捉えるか考え，描いていったものである。

## 材料や用具

●色画用紙（A4 白・水色・灰色・こい灰色）　●黄ボール紙（A4）　●絵の具　●竹串
●割り箸ペン　●小刀　●デジカメ（うさぎ撮影用）

## 準備・注意点

❶　動物アレルギーの子どもがいないか事前に確認しておく。

❷　うさぎの扱い方は事前に教えておく。

❸　教室にうさぎを持ち込んで観察する場合は，スペースの確保を行う。

❹　小刀で割り箸ペンや竹串を削るときは十分に注意させる。

## 授業の流れ

### ❶うさぎの観察・スケッチをする（90分）

　いつも身近にいたうさぎを改めて見てみると，子どもたちから多くの発見が出てくる。毛の細さや質感，耳に流れている血管や心拍の速さ，手足の爪の鋭さ，大きな瞳など，可愛いだけではなく，生きている自分以外の命を感じさせるようにする。十分にスケッチの時間を取りたい。お世話もしながらうさぎと自分の距離を縮める感じである。

### ❷うさぎの命を感じて描く（225分）

　発問としては「うさぎの命を感じる部分は？」を投げかける。そして追究した結果，瞳だけをクローズアップしたものも出てきたり，血が流れる耳の部分に着目したものも出てくる。右の作品は，瞳の中に見えた青い部分と白い部分も克明に描き，周りの毛の表現は生え方によって向きを変え，すべて竹串と割り箸ペンで描いていったものである。

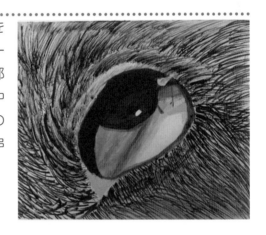

### ❸自分のうさぎの表現にたどりつく（45分）

　この作品はうさぎの前足のみをクローズアップしたものである。うさぎを描くと言えば通常左向きに全体を描くのであるが，そうではなく観察を通じて，テーマを併せ考えた末にこの表現にたどりつき，自信をもって「これが私のうさぎです」と表現できたことが何より素晴らしいと考える。完成後は鑑賞会を行う。

**高学年** **全4時間**

# ネコジャラシを描く

## ねらい

　道端でよく見る雑草の一つネコジャラシ。よく見かけるけれど，あまり詳しく，まじまじと観察したことのないものが題材になる。さらに今回は描く道具を自分でつくることも踏まえてじっくり観察して描くことをねらいとした。

## 題材の概要

　昔の子どもは小刀を自在に使って，自分の鉛筆も削っていた。しかし時代は流れ鉛筆削り機が登場し，様々な事件もあり学校で刃物を扱うこと自体が難しくなっていった。しかし刃物の正しい使い方を学び，活用して自分で描く道具をつくり出すことは今の子どもたちにとって大変意義深いことなのではないかと考えた。

　小刀で小枝を削り，マイ枝ペンをつくる。そしてシンプルに墨汁で描く。描く対象として「ネコジャラシ」としたのは，容易に1人1本入手が可能ということと，子どもたち自身があまりアップで観察したことがなく，構造もそれほど複雑ではないものということが上げられる。またルーズで描いた後，ルーペなどを使ってアップで描くことも可能だからである。

凝視してみると

## 材料や用具

●小刀（左右利き）　●小枝（直径は約1cm，長さは普段持つ鉛筆ぐらい）　●トレー（小）
●ハガキ大の白画用紙　●墨汁　●ミニカップ（墨汁を入れる）　●雑巾

## 準備・注意点

❶　自然の小枝は事前に集めておく。

❷　自然の枝は削る際に抵抗があるので，事前に鉛筆などを削って練習しておきたい。

❸　小刀の扱いには十分注意させる。

❹　墨汁を入れるカップが小さいとこぼしてしまう可能性があるので注意させる。

## 授業の流れ

### ❶まず "マイ枝ペン" をつくる（90分）

　自分が削ってペンにしたい枝が決まると，早速削っていく。いつもの鉛筆とは違い，引っ掛かったりして削りにくい場合もあるが，そこは粘り強く，焦らず，少しずつ削りカスを溜めるような気持ちで先を尖らせていってもらいたい。この削り方を守っていれば，ほとんど怪我することなく作業が継続できる。

### ❷ネコジャラシを描く（45分）

　1回目の2時間で枝ペンづくり，そして次の2時間でネコジャラシを描くという時間配分になるかと考える。用紙がハガキ大なので，1枚目は全体を捉えて描いてみる。その後ルーペを使って真ん中の部分を拡大して描くこともできる。もちろん先が丸くなってくれば，適宜小刀でペンの先を削り直しても良い。

### ❸さらに観察してみる（45分）

　右の作品写真は上の写真で描いているネコジャラシの2枚目である。1枚目はルーズで描いてみたが，ルーペを使って中のつぶつぶを見てごらんと声をかけると，「へー，こうなっていたのか……」と感嘆の声を上げ，描き込んでいったものである。描くことによって，自分が知らないもの・ことに触れた瞬間である。色でやってしまうと，あまりに細かすぎてモチベーションが保ちにくいのに対し，今回は枝ペンで輪郭を取るだけで良かったのが，描いてみようという気持ちを起こさせたのではないかと考えている。

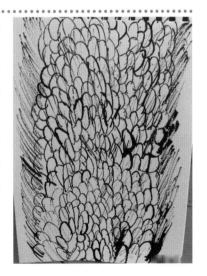

# 紙版画の指導テクニック

　紙版画は版画の中でも比較的制作過程が簡単で，幼稚園から小学校低学年まででよく取り扱われる。ただ最近はそれでも手間がかかるということで敬遠されがちな話も聞いたりする。しかし中，高学年での木版画につながることや，版画の醍醐味である刷り終えてから紙をめくるときのドキドキ感や，材料や刷り方，インクの色などを工夫すれば非常に充実した活動となり，低学年でぜひ体験させてあげたい分野である。

みんなで昆虫採集（共同作品）

## ❶紙版画の指導ポイント

### ●版となるパーツをつくる準備

　机に古新聞を敷き，横にゴミ入れ用としてビニール袋をセロテープで吊り下げる。そして人間をつくることを例として顔や手足となる白画用紙，目や口，鼻などの重ねていくパーツは分かりやすく色画用紙を準備する。赤や青は鮮やかすぎるので避ける。あとははさみ，のり（仮止め用，本止め用），ボンドが必要である。

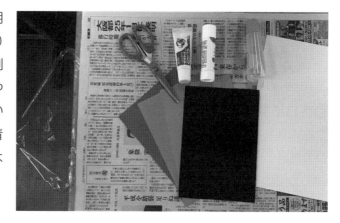

### ●版をつくる

　下書きしたものを切り抜いてつくっても良いが，つくりたい人間の顔の大きささえ決めて，あとは自由に体や手足をつくらせた方が子どもらしさは出る。顔の部分ごとに色画用紙を変え，余裕があれば仮止めして位置を確認しながら貼る。紙以外の材料も含めボンドを使用しても良い。

## ●インクをつける

　子どもたちの机とは別に刷り用の場所を設け，この作業は教師がやっても良い。ローラーの動かし方は，手前から奥で塗り，戻すときは浮かす。版がローラーにくっついてしまうことを防ぐためである。さらに真ん中から放射状に塗ることを心掛ける。

## ●バレンで刷る

　刷る紙の角を合わせて見当をつけて紙をそっと置く。その後バレンの持ち手を指でつままず，握り拳（グー）で持ち，立って擦る。初めは四隅に向かってバレンを動かし紙を伸ばす。次に力を入れて中心からクルクルと渦巻くように全体を刷る。細かい部分は指で擦っても良い。途中で紙をめくり，うまく刷れているか確認することも必要である。

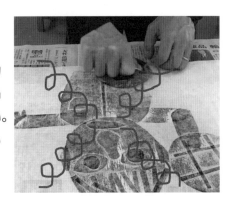

## ●刷り上がり

　版画の一番の楽しみな瞬間である。イメージ通りの刷り上がりかどうか気になるが，ゆっくり剥がしていくことを心掛ける。たまに版の部品が刷った紙にくっついてくることがあるがピンセットなどで取ってあげれば良い。

## ❷その他の工夫

### ●インクを変えて多色刷り

　インクは小学校で行う場合水性で良い。後始末が大変やり易いからである。色も青，朱，黄，茶，緑と豊富で部品ごとに色を変えて，刷る場所を考えれば一味違った紙版画の作品が出来上がる。さらに版の材料も毛糸や布，段ボールのギザギザなど表したい部分によって色々試してみることも面白い。

**低学年** **全6時間**

# 神社での節分豆まき

## ねらい

　地域の行事である「節分豆まき」を題材として，動きのある人間を工夫して紙版画で表すことをねらいとした。

## 題材の概要

**低学年の間に紙版画はぜひ体験させてあげたい**

　それぞれの地域でも年中行事はたくさんあると思うが，実際に子どもたちが小さいときから見たり聞いたり，参加したりしているものが望ましい。この神社での豆まきもみんなで歩いて行って体験したことがある。地域行事だけでなく学校行事や子どもたちの夏休み中の出来事も動きのある人間が出てくる題材となる。

## 材料や用具

●部品用画用紙　●手拭き用雑巾　●のり，はさみ　●台紙用画用紙またはボール紙（部品にローラーでインクを付けるときに使用。新聞紙はローラーに新聞紙が張り付くので不向き）
●刷り紙（八つ切りまたは四つ切り1人2〜3枚）●版画セット（ローラー，トレー，インク）
●バレン　●汚れ拭き用雑巾

## 準備・注意点

❶　インクを付けて刷るときは，教室（図工室）の前方に版画セットを置く台を準備する。
❷　刷り紙は子どもが選択するので最低半々ぐらいは用意しておく。
❸　インク汚れの対策は十分に行っておく。
❹　刷りの時間の前に必ず乾燥棚を準備しておく。

### ❶構想して，まず神社をつくる（90分）

　実際の豆まきに行った後，構想を練る。そして神社の建物からつくっていった。建物自体はある程度屋根の部分や柱など長方形の部品を中心に貼り合せてつくることができる。刷り紙が最大四つ切りの紙なので，あまりに建物が大きくなりすぎないよう注意する。

### ❷次に人間をつくる（45分）

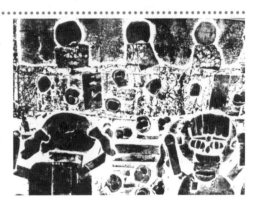

　神社の部品ができれば，その前に立つ人間をつくっていく。建物とのバランスや位置を考えるのだが人間の足まで入れると神社との距離感がおかしくなるので注意が必要である。まかれる豆を喜んで取ろうとする様子や，被ってきた帽子で豆を取ろうとする様子を表すために腕の動きに工夫しながら人間をつくっていく。

### ❸刷って，めくるときを楽しむ（刷り90分＋鑑賞45分）

　いよいよ「刷り」に入るのであるが，子どもによっては神社の建物の部品と人間を別にインクを付けて，先に建物を刷ってから，人間の位置を確認して刷る2回刷りと，建物と人間にインクを乗せる前にのりで貼り合せ，位置関係を構成した上，1回で刷りを行う場合がある。子どもによっては，「刷りがずれるのが嫌だ」という子もおり，選択させても良いと考える。さらに子どもが黒インクやローラーを扱う際には十分注意してほしい。ローラーでインクを付けることは教師が行った方が良い場合もある。完成した後はみんなで鑑賞会を行い，時期が2月なので学年最後の参観に備えて教室や廊下に掲示すると，壮観である。

6

紙版画の題材

**中学年** **全6時間**
# 冬休みの生活

## ねらい

　体操人形で人間の身体の部分がどのように動くか考え，冬休みの生活の中で表現したい場面を紙版画で表すことをねらいとする。

## 題材の概要

ぼくとたんすの上のネコ

ストーブに当たるぼく

　今回は人間の身体の動きを紙版画で表現して欲しいと考え，人間の部品の型紙を画用紙に印刷し，それを割ピンで止めた「体操紙人形」を事前に使った。その上で下絵を考え，自分の生活を振り返り，冬休みの生活の一場面を切り取ってもらった。

## 材料や用具

● 色画用紙（九つ切り台紙用）　● 白画用紙（部品用）　● 版画紙（八つ切り）
● 版画セット（ローラー，トレー，インク）　● バレン　● 雑巾　● のり，はさみ

## 準備・注意点

❶　台紙と部品の用紙を間違えないように，色を変える。

❷　版画がはじめての子もいるので，インクを塗る，版画紙を置く，はがす，の練習は行う。

❸　刷りは2人1組で行う方が失敗なく行える。

❹　ローラーでインクを塗るとき，部品が取れないようにしっかりのり付けをさせる。

**授業の流れ**

# ❶紙で体操人形をつくる（90分）

　中学年になるとある程度の出来映えを気にするようになり，自分でつくったものでありながらバランスが悪かったり，うまくいっていないと活動への取り組み具合も変わってくる。そこで人間の手足の動きや位置を考えてもらうため，事前に体操人形をつくり，これから自分が表現しようとする人間の動きの参考になるよう制作した。

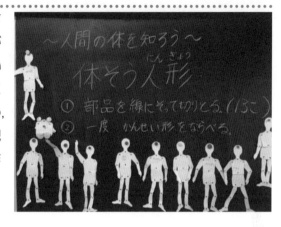

# ❷台紙に構成する（構成45分＋刷り90分）

　紙版画は構成した部品にインクを塗って刷るが，今回は冬休みの生活の一場面というテーマだったので，人間も含めて台紙の上に部品を構成してもらった。その台紙全面にインクを塗り，刷りを行ったため本来は白で残るはずの背景が黒になっている。時間と子どもたちの手間を考え，この方法を取ることにした。

# ❸みんなで鑑賞する（45分）

　この作品はとても電車が好きな子で，冬休みの間に念願の乗りたかった特急電車に乗って家の人と旅行に行ったときのことを紙版画にしたものである。なかなか絵画となると取っつきにくかったようであるが，作業がはっきり分かれている紙版画には見通しがもてたようで，最後までやり切ることができた。

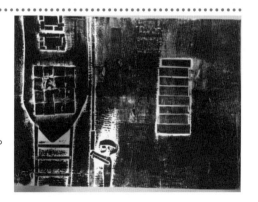

# 木版画の指導テクニック

小学校で行う木版画にもいくつかあり一つの版にいろいろな色をのせて黒い紙に刷り取る「一版多色版画」や，一度刷り取った版木をさらに彫り，別の色を使って重ねて刷る「彫り進み版画」，黒や紺色のみで刷る「一版単色版画」がある。いずれにせよ版画の醍醐味は刷りが終わり，うまく刷れているかどうか期待と不安をもちながら刷り取った紙をめくり上げるそのときである。そこに至るまで，

一つ一つ分かれている作業工程のポイントを押さえて取り組ませることが大切である。

## ❶工程ごとのポイント

### ●版画セット選び

今は版木の片面に青い塗装がされ下絵も書きやすく，カーボン紙を挟んで書いても写りやすい板になっている。市販のセットには刷り紙や写し紙などが入っており比較的安価である。最近では木板よりも非常に彫りやすく，彫り直しのために洗っても反ることがない柔らかめの板もある。題材や子どもの実態によって選びたい。

### ●下絵→ペン入れ

ここでポイントとなるのは輪郭線である。一版多色であれば線彫りすると黒線で残る。また自画像版画では輪郭線の周りを彫って線を残すことになる。いずれにせよ下絵の輪郭線が細いと彫りにくいことになるので，ペン入れをしてある程度の太さを持たせることが重要である。

## ●彫り

　制作に入る前に必ず
彫刻刀の使い方および
どんな彫り跡になるか
のオリエンテーション
は行う。特によく使う
のは三角刀と小丸刀で
あるが，切り出しの使
い方も押さえておきた
い。一版多色の線彫り
では三角刀や小丸刀で

線に沿ってある程度子どもは自由に彫り進めていける。しかし単色版画で人物を彫るとき，特
に顔であるが表情と筋肉の流れを意識して彫らせたい。

## ●刷り①（一版単色版画）

　刷る前にトレ
ーにインクを出
しローラーでイ
ンクを練る。ト
レー上のインク
が網目状になる
まで
ローラーを

ローラー，トレー，バレン

インクは半分ずつ塗って刷る

2人1組の方が良い

転がす。その後ローラーを縦横方向にのみ転がしインクを塗る。2人1組で刷り紙の端を持ち，
きちんと四隅の見当に合わせて紙を乗せる。そしてバレンもしくは手で擦る。次に半分紙をめ
くり，インクを塗りまた刷る。もう半分も同じ方法を繰り返すことでしっかり刷り取ることが
できる。ただし1回目の刷りは版木にインクが馴染んでいないため，試しのつもりで良い。

## ●刷り②（一版多色版画）

　刷り紙が黒なので付けたい色に白絵の具を混ぜるとより
鮮やかに刷り取ることができる。広い部分を刷らせるとき
には500円玉の大きさを目安に少しずつ色をおいて刷らせ
る。さらに乾いてから違う色や同系色を重ねて刷ることに
より豊かな色彩，奥行きのある色彩を生み出すことができ
る。

# 浮世絵を描く　〜一版多色刷り〜

## ねらい

　版画の入門編である「一版多色刷り」。4年生ぐらいで彫刻刀をもち，その使い方や版画の作業を一通り体験することに適した題材である。また絵の具を使った多色刷りの特徴を掴むことをねらいとした。

## 題材の概要

　一版多色刷りの題材としての浮世絵は様々な色彩豊かな作品が残されており，一人1枚のモチーフを選ぶことができる。また細かい模様は必要に応じて簡素化したり，色を変えることができる。彫りもきちんと彫り始めと彫り終わりを線彫りしていればしっかりと写し取ることができる。

　ただ子どもたちに追究させたいのは，多色刷りの特徴である，色を重ねて刷り込んでいくことである。

浮世絵見本は人数分準備したい

## 材料や用具

- カラー版画板（このときはB4サイズ）　●浮世絵（B4）　●カーボン紙
- 絵の具　●バレン（きれいな雑巾でも良い）　●トレーシングペーパー
- 黒画用紙　●テープ（版木と黒画用紙を止める）　●台紙（刷り上がったものを貼り付ける）

## 準備・注意点

❶　クラスの人数分の浮世絵は事前にプリントアウトしておき，黒板に貼っておく。

❷　浮世絵はやりやすいものと少し難しいものを選んでおく。

❸　それぞれの工程に入る前に，工程ごとのオリエンテーリングを行うことが望ましい。

❹　彫りのときは削りカスが大量に出るので，掃除はみんなですることを徹底する。

## ❶下絵，ペン入れをする（90分）

市販の一番安価なセットは版木，黒画用紙，カーボン紙，トレーシングペーパー，テープがセットになっており非常に使いやすい。別々に購入するよりこちらの方が安いと考える。浮世絵をトレーシングペーパーに写し，その後裏返してカーボン紙を挟み，写されたトレーシングペーパーの裏から区別しやすいように赤鉛筆で版木に写す。はじめての子どもたちは裏返すことを忘れたり，重ねているテープの貼り具合が甘かったりするので注意が必要である。

## ❷彫る（90分）

彫りに入る前に基本的な彫刻刀の使い方のオリエンテーションは行いたい。版木の裏に練習で丸刀や三角刀の彫り跡の確認をさせたり，切り出しはどんなときに使うかなどのレクチャーを入れておく必要がある。これが安全に彫刻刀を使うための第一歩である。最近では木板より抵抗なく彫ることができる，版画専用樹脂板が出ている。

## ❸刷る（刷り135分＋鑑賞45分）

刷りたい色に少し白絵の具を混ぜると刷り上がりの発色が良くなる。あまり水が多いと弾いてしまいうまく写し取ることができない。さらに一気に広く絵の具を塗って，刷り取ろうとするとなかなかうまく刷れないので，塗る範囲は1回につき500円玉ぐらいの広さと伝える。何回も刷ることが必要で，着物や飾り物など一色で終わらず，乾いた上から違う色を重ねるとさらに趣深い色になる。もちろん完成後は鑑賞会を行う。

## 39 中学年 全8時間
# 自然からの贈り物
## ～一版多色刷り～

### ねらい

「浮世絵を描く」（p.102）と同様，版画の入門編である「一版多色刷り」である。ただ浮世絵とは違い自然物を自分で選択し，レイアウトするという発想・構想の要素が追加され，子どもたちの構想力や創造力が高められることをねらいとした。

### 題材の概要

浮世絵以上に何回も刷りを重ねて自然物の色を追究させたい

この題材は自然由来のもの，流木や貝殻，木の実などを自分でレイアウトし，一版多色刷りの手法で行うものである。コンセプトとしては人間が自然からうけたまわったものとしてそのレイアウトの仕方はあくまで自然な置き方を考えさせたい。また浮世絵同様，子どもたちに追究させたいのは多色刷りの特徴である，色を重ねて刷り込んでいくことである。

### 材料や用具

●版木（このときはＢ４サイズ）　●写し紙（Ｂ４）　●カーボン紙　●鉛筆　●彫刻刀
●トレーシングペーパー　●絵の具　●細い黒マジック　●流木や貝殻など
●黒画用紙　●テープ（版木と黒画用紙を止める）　●デジカメ（レイアウト記録用）

### 準備・注意点

❶　流木や貝殻などは事前に収集しておく。

❷　自然物を子どもが自由に選べるビュッフェ式にするため広い教室や空間を確保する。

❸　それぞれの工程に入る前に，工程ごとのオリエンテーリングを行うことが望ましい。

❹　彫りのときは削りカスが大量に出るので，掃除はみんなですることを徹底する。

## ❶自分のイメージをもってレイアウトする（45分）

　教室の真ん中（空き教室があればなお良い）に大量の自然物を置き，説明の後，版木の上にレイアウトさせる。ここで注意したいのは自然からの贈り物なので，例えば，貝殻で幾何学的な模様に並べたりすることはせず，あくまで自然な置き方をすることである。さらにあまり板の上にたくさん置きすぎることや逆に少なすぎるのもその後の制作に影響が出るので，注意したい。

## ❷下絵からペン入れする（90分）

　レイアウト後，刷りのときのために写真は撮っておく。写し紙に下絵を描くときに子どもに伝えたいのは，小さなものは少し拡大して描くことである。あまり小さすぎると彫りがうまくいかないからである。そしてカーボン紙を挟み，写し紙を裏返しなぞると板に線が写る。その線をはっきりさせるため黒ペンでなぞる。その際貝殻の線など途中で終わっている線や写しきれなかった線をきちんとなぞらせる。

## ❸彫りから刷りを行う（彫り90分＋刷り90分＋鑑賞45分）

　彫りに入る前に基本的な彫刻刀の使い方のオリエンテーションは行いたい。版木の裏に練習で丸刀や三角刀の彫り跡の確認をさせたり，切り出しはどんなときに使うかなどのレクチャーを入れておく必要がある。これが安全に彫刻刀を使うための第一歩である。最近

では木板より抵抗なく彫ることができる，版画専用樹脂板が出ている。またこの題材は，自然物に複雑な形態のドラゴンフルーツや魚の丸干しなどを加えることで高学年でも十分に取り組むことができる。

**40** 高学年 全12時間

# 自画像版画　〜12歳の節目に〜

## ねらい

　卒業を目前に控え，今の自分を版画で表すことによりこれまでの自分とこれからの自分を考え，12歳の節目の仕事としたい。さらにこの作品を卒業式に飾って卒業することをねらいとした。

## 題材の概要

　絵の具ではなくなぜ単色木版画にしたかというと，版画は下絵，ペン入れ，彫り，刷り，彫り直しと工程がはっきり分かれており，一つ一つの工程が終わるごとに自分のやってきたことを振り返ることができるということと，絵の具を使うと描ける子はサラッと描いてしまうからである。絵筆で描くのではなく，彫刻刀で描くという気持ちをもち，小学校最後の仕事に取り組んでもらうこともねらった。さらに，ある程度の時間をかけ，表情や顔の筋肉の流れなど彫りで表現するにはどうすれば良いか自ら考えてもらうためでもある。

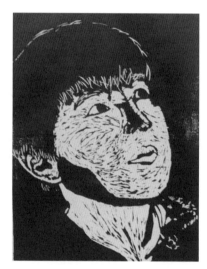

未来を見つめる自分

## 材料や用具

●カラー版画板（このときはＢ４サイズ）　●鏡　●自分の顔写真（Ｂ４）　●カーボン紙
●刷りセット（ローラー，トレー，インク）　●バレン　●雑巾　●トレーシングペーパー
●版画用紙（版画板より一回り大きいもの）　●台紙（刷り上がったものを貼り付ける）

## 準備・注意点

❶　反転しても良いから自分で鏡を見て，自画像下絵を描くことも良しとする。

❷　自分の写真にカーボン紙を挟んでトレースしたい場合は，あらかじめ撮影，印刷しておく。

❸　それぞれの工程に入る前に，工程ごとのオリエンテーリングは行うことが望ましい。

❹　彫りのときは削りカスが大量に出るので，掃除はみんなですることを徹底する。

## ❶下絵（90分），ペン入れ（90分），彫り（270分）へと進める

版木に線を写せば，残すところは
ペンを入れたり，墨を塗ったりする。
次に「彫刻刀で描く」ように彫りを
進めていくのであるが，理科の図鑑
などで顔の筋肉図を参考にしたり，
頬を丸く膨らみをもたせるように彫
ったり，単純に縦横に彫るだけでは，
版画で人物を表すことは難しい。

## ❷刷る（90分）

いよいよインクを塗って刷りに入るが，まず
トレーに出したインクはトレーの上でよく練る
ことが必要である。次に乾かない間に手早く版
木全面に塗り，版画用紙の余白と角を併せて上
から被せる。その後半分めくってインクを再度
塗り，紙を被せてバレンで擦る。またもう一方
も同様にして刷る。これを数回繰り返すことで
しっかりと紙に写し取ることができる。

## ❸卒業式で掲示する

枚数には限りがあるが納得の刷り上
がりのものを２枚選び，１枚を式場掲
示用とした。卒業生約200人の自画像
版画が掲示されたときは，保護者から
感激の涙が出るほどであった。ある卒
業生の家では今でも部屋に飾ってある
そうである。

7

木版画の題材

**高学年** **全10時間**

# 工場で働く人々　〜共同制作〜

## ねらい

　校区の特徴である町工場のようすやそこで働く人々を捉え，仲間と共同制作していく中で木版画の各工程を知り，作業を分担してひとつのものをつくり上げていくことをねらいとした。

## 題材の概要

見たこと，聞いたことを彫刻刀で描く

　なぜ木版画での共同制作にしたかというと，完成にたどり着くにはお互いの協力がなければならないという点からである。版画の作業は下絵の構想，下絵，彫り，刷りと工程がはっきり分かれており，それぞれの工程で仲間同士の話し合いが不可欠である。さらに自分たちが見学してきた工場で働く人々のようすや思いを版画に込めて表すことを目標とした。

## 材料や用具

●木の合板（このときは60㎝×90㎝）　●工場見学の写真　●下書き用の紙　●彫刻刀
●版画刷りセット（ローラー，トレー）　●バレン　●雑巾　●全紙大の版画用紙

## 準備・注意点

❶　約１ヶ月に渡る作業なので子どものグルーピングは考慮する。
❷　彫刻刀の切れ具合は事前にチェックする（削れないものを無理に使わせない）。
❸　それぞれの工程に入る前に，工程ごとのオリエンテーリングは行うことが望ましい。
❹　彫りのときは削りカスが大量に出るので，掃除はみんなですることを徹底する。

## 授業の流れ

### ❶下絵から彫りへ（270分）

自分たちが訪問させてもらった工場の写真をもとにどんな構図にするのか話し合う。構図が決まれば，板に下絵を描いていく。下絵ができればどこを残すか，どんな彫り方をしていくか入念に話し合いを重ねていく。彫りに関しては彫刻刀の使い方は既習であるが，今一度の復習をしておいた方が良いと考える。

写真をもとに考える

板に下絵を描いていく

お互いの向きに注意して彫る

どこを残すか考えて彫る

### ❷刷る（90分）

いよいよインクを塗って刷りに入るが，個人作品のような小さい版画ではないので，グループ内の作業分担（ローラー係，刷り紙係，バレン

係）をはっきり決めておくことがポイントである。上下および左右半分ずつ刷って，刷りが不十分なところはインクを塗って再度刷りを行い，これを数回繰り返すことでしっかりと紙に写し取ることができる。

### ❸彫り直しを繰り返し，完成へと向かう（90分）

最初の刷り上がりを確認して，うまく写っていない部分の彫り直しをする。きちんとインクを拭き取ってから，浅い部分は深く彫り直したり，彫った線の密度が足りないときは追加で彫る。これを繰り返して納得のいく刷り上がりにたどり着く。完成後は鑑賞会と作品をみんなで囲んで記念撮影をしたい。

# モダンアートの指導テクニック

一言でモダンアートと言ってもその範囲は非常に広く，美術館にもアーティストの様々な作品が展示されていたりする。小学校でのモダンアートの表現は，個々のイメージを自由に膨らませたり，偶然にできた色や形を楽しんだりするものではないかと考える。基本的には絵の具を使うことが多いが，中には墨や折り紙，歯ブラシなどの身近なものを使うこともある。いずれにせよ，子どもたちに「わあ，こんなことできるんだ〜」「図工って楽しい〜」と思ってもらえる題材が豊富である。

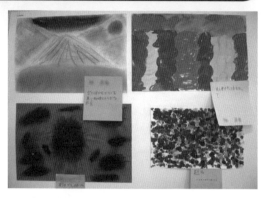

今の気持ちは？「フリーマインドピクチャー」

## ❶絵の具を使ったモダンテクニック

### ●アクションペインティング

子どもたちが嬉々として行い，学年を問わず実践できるものである。用紙の大きさや服や床などへの汚れ防止には配慮しなければならない。さらに子どもたちにさせることは簡単であるが，やっている最中のルールや片付けのルールなどきちんと守れる学級集団を育てておくことがまず必要になる。

### ●霧吹き（スパッタリング）

絵の具を歯ブラシに浸して画用紙の上で金網を擦る。すると細かい飛沫が付き淡い感じになる。型紙を置いてすると，そのシルエットのみが浮き出て面白い。また，クレパスやカラーコンテを金網で擦り，指で擦ると違った表現が出てくる。

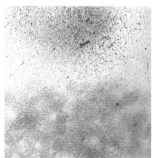

## ●吹き流し（ドリッピング）

　多めの水で溶いた絵の具を筆に付け，画用紙の上で振るなどして絵の具を垂らしたり，飛び散らせたりする。その後ストローで吹いて絵の具を広げる。またそれぞれの絵の具は100円均一などにあるソースボトルにあらかじめつくっておき，小さいボウルに入れて使わせるようにする。

大きな紙だと思い切ってできる

## ●写し絵（デカルコマニー）

　用紙を2つに折って，片側に絵の具を出し紙を閉じてしっかり押さえる。その後ゆっくり広げ反対側に写すものである。基本的にはどの学年でも実施可能である。発展として布製のロープに絵の具を含ませ同じように写したり，紙の間に挟んで引っ張ると何とも言えない模様が生まれて面白い。挟むものを工夫するとまた違った表現が生まれると考える。

通常のデカルコマニー　　　ロープを挟み引っ張る

ロープを挟み押さえる　　　小ボウルに準備する

## ❷その他のモダンテクニック
### ●墨流し（マーブリング）

　バットに2㎝ほど水を張り，専用の墨を水面に浮かせる。その後筆などで静かに動かして模様をつくり，紙をそっと乗せて模様を写し取るものである。また墨を一滴和紙の上に垂らし，そこに水を加えることによる滲みを生かした模様づくりもマーブリングの応用である。

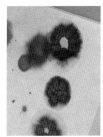

### ●貼り絵・ちぎり絵（コラージュ）

折り紙や色画用紙をちぎって，貼って形や色をつくっていくものである。自分でテーマに合った色を塗った紙をちぎって貼ることも可能である。新緑の山々などイメージを優先する題材で用いられる。

## 42 　全学年　全3時間

# どろどろ・ぐちゃぐちゃ
## ～アクションペインティング～

### ねらい

　幼児がどろんこ遊びをするように，絵の具を好きなように混ぜ，塗りたくり，偶然できた色彩や形を楽しむことをねらいとした。

### 題材の概要

偶然か？意図的か？それがアクションペインティング

　この題材は後始末や服の汚れを防ぐよう工夫すれば，どの学年でも取り組めるものである。ただし絵の具自体を大量に使うので準備が必要である。また，塗りたくりをすることが中心なので手指で何かの形やキャラクターを描くものではないことも注意したい。

### 材料や用具

●白い用紙（八つ切り～四つ切り画用紙，模造紙，ロール画用紙など）　●絵の具
●ブルーシート（あれば）　●新聞紙　●汚れ防止用ビニール袋（穴を開けて頭から被る）

### 準備・注意点

❶ 必要に応じて事前に汚れ対策を講じておく。

❷ 足まで使って行う場合は室内手洗い場がある教室（図工室）が望ましい。

❸ 低学年では粉絵の具や指絵の具を使うことも考えられる（右写真）。

❹ 予算があれば大きいチューブの12色セットが使いやすい。

### ❶基本的には手指を使って行う（準備15分＋制作90分＋鑑賞30分）

小さい紙の場合は通常の絵の具の準備で良いが，大きい紙のときは共同で使う絵の具コーナーを設け，小さい器やトレーが必要である。描く場合は水加減もほとんど必要なく紙の上に絵の具を直接垂らし，手や指で絵の具を広げ，塗りたくったり，手でスタンピングしたりする。さらに筆以外の道具（ものさしやへら，たわしなど）を使って絵の具を広げてその偶然性を楽しむこともできる。

### ❷小さめの紙にする場合

ある程度手先のコントロールができるようになる中学年ぐらいになると八つ切りの画用紙でも十分楽しむことができる。使う絵の具の量もそれほど多くはないのが利点である。そのうち絵の具を垂らし，半分に折って広げ，模様を写す「デカルコマニー」という技法を楽しむ子どもたちも出てくる。完成後はお互い鑑賞を行う。

### ❸大きめの紙にする場合

四つ切り以上の紙で行う場合は高学年なら単独で，低学年なら共同で行うことが考えられる。右写真のような大きなチューブ型絵の具を置いておき，必要に応じて色を出すことや，小さなトレーに絵の具を溶いて使えるようにすることも場の工夫として必要である。基本的な行い方は同じだが，高学年になると「どろどろ・ぐちゃぐちゃ」自体は偶然の産物なのであるが，色や絵の具の広げ方などを自分で構成したアクションペインティングさながらの作品をつくることができる。

**43** 全学年 全3時間

# 出てくるシルエットは何？
## ～スパッタリング～

## ねらい

　金網と歯ブラシを使い，細かい飛沫で表すスパッタリングを使って出てくる様々な形や色を楽しむことをねらいとした。

## 題材の概要

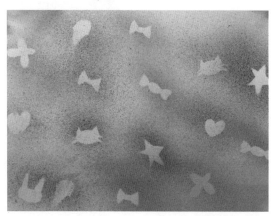 

アイデアしだいでいろんな色や形を楽しむことができる

　この題材はやり方をマスターすれば低学年でも十分楽しむことができるものである。型紙を置かなくても単純に紙の上で擦って，きれいな色の飛沫が重なる作品をつくることができる。

## 材料や用具

●白画用紙（八つ切り画用紙までの大きさがやりやすい）　●絵の具　●歯ブラシ
●スパッタリング用金網　●型紙用画用紙　●参考にしたいイラスト

## 準備・注意点

❶　各自机の上の整理整頓，絵の具は所定の場所に置くようにさせる。
❷　飛び散った飛沫をすぐ拭ける濡れ雑巾は，グループに１枚準備させる。
❸　絵筆で描くことはしないが，混色や水加減の際に使用するので準備させる。
❹　スパッタリングに入る前に，型紙制作は完了しておきたい。

## ❶型紙の準備をする（45分）

　中，高学年になるとある程度考えて型紙を準備すると考えられる。好きなキャラクターを型紙にしたい子もたくさんいるだろう。ただあまり型紙自体が小さくなったり，中は写らないことに注意させたい。お互いつくった型紙を交換してやることも楽しみが増すことだろう。

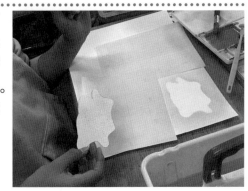

## ❷スパッタリングの方法を聞く（20分）

　保育園や幼稚園などで経験済みの子もいるかもしれないが，ここはきちんと注意すべき点も含めて，手元もカメラで写しながらオリエンテーションする必要がある。特に絵の具の水は子どもたちが思うより多めに入れないと歯ブラシで擦ったときにうまく飛沫にならない。さらに紙と金網の距離も大切で，時間があれば練習をとっても良いと考える。

## ❸色や構成を考える（70分）

　色の濃淡であったり，どこにどんな色を擦るかなど単純な中にも子どもの創意工夫が見受けられる。右の作品は型紙がなかなか思いつかず，円や四角，三角でやってもいいよと声をかけ，実際にやってみると同じ形の繰り返しが思いの外気に入ったようでこの後，どんどん手が動いていった。完成後はお互いに鑑賞を行う。

高学年　全4時間

# 手の指紋を描く
## 〜スクラッチシートを使って〜

## ねらい

　数え切れないほどある手のひらの指紋やしわ。それを全部描くぐらいの気持ちで凝視し，線を追っていって欲しいことと，自分が描いた線がレインボーカラーで表現される新しい画材「スクラッチシート」との出会いをねらいとした。

## 題材の概要

　よく鉛筆で手を描かせる実践は見受けられるが，なかなか最後まで線を追究することが難しい。そこで用いたのがスクラッチシートである。見た目は黒い紙であるが表面を削るとレインボーカラーが下から出てくるというものである。描けば描くほどどんどんレインボーの線が出てくるので，非常に子どもにとっては楽しみが増える。失敗しても黒マジックで塗れば修正できるという安心感もあり，手のひらが線で埋め尽くされるまで興味関心をもって取り組むことができる描画材である。

　スクラッチシートはネット販売などで比較的まとめて購入することができ，大きさも子どもの手のひらが収まるB5程度の大きさである。

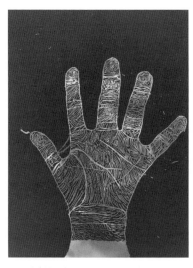

削って出てくるレインボーカラーが美しい

## 材料や用具

● スクラッチシート　●コンパス，三角定規など先の尖った物　●ルーペ（使う子がいれば）
● 油性黒マジック　●子どもからの要望に合わせて割り箸ペンなど

## 準備・注意点

❶　自分の机の上を整理整頓させる。

❷　コンパスの針など先の尖った道具を使うので，扱いには十分注意させる。

❸　シートに描いていくと黒い削れた粉が出てくるので，きちんと服の袖を上げておく。

❹　少しでも表面に物が当たると削れてしまうので，周りの人の作品には十分注意させる。

## ❶まず手のひらの輪郭を取る（15分）

　手のひらを下向きだと簡単なのだが，手のひらに
ある指紋やしわを描くので手のひらを上向きにして
外側をなぞり，形を取ってもらいたい。その際親指
やその付け根部分に厚みがあり描きにくいのだが，
実際の手より大きいぐらいでちょうど良いことを伝
え，あまり気にせず一気に描いてしまう方が良い。
なぜかというと手のひらが大きい方が中に様々な線
が描きやすいからである。

## ❷じっくり線を追っていく（135分）

　やっていくうちに教室が水を打ったようにシーン
となる。子どもたちが集中していくのが分かる。集
中していくと，自分が表現したいことと使っている
道具のズレが出てくる。はじめ使っていた道具から
割り箸ペンや竹串，家庭科裁縫道具の針などに持ち
替え，再び描き始める。こういった追究は高学年だ
からこそできるもので，子どもたちの，「おっ，こ
こまでできたんだ！」といった達成感や満足感を満
たしてくれるものである。

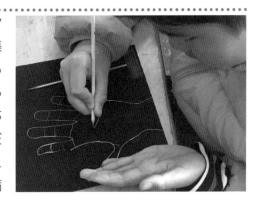

## ❸観察する目，表現する手を育てる（鑑賞30分）

　指紋やしわなど，全部描き切れるもので
はないが，さらに先の細い道具を使って指
紋の線を追究することが何より大切なこと
である。今回この題材をいつもとは違った
描画材（スクラッチシート）で取り組んだ
ことは，子どもたちに「図工って面白
い！」「いい作品ができた！」と感じさせる
ことができた。完成後は鑑賞会をし，お互
いの線を相互評価させたい。

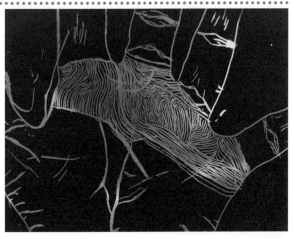

## 45

高学年　全4時間

# バラを描く
## ～アクションペインティング～

### ねらい

この実践に至るまでほぼ1年間"どろどろ・ぐちゃぐちゃ"のアクションペインティングばかりやってきた。その経験を生かし，絵筆などいつも絵を描く道具を持たず，どこまで抽象的に描くことができるかをねらいとした。

### 題材の概要

これまで好きなように，何も考えず（考えていなかったわけではないであろうが）アクションペインティングばかりやってきた子どもたちが，バラというモチーフを前にどういった表現をしていくのか。教室よりも広い図工室の机，椅子をすべて取り払い，真ん中にバラを置き，その周りに子どもたちが描きたい場所を考え，座って取り組んだ。

モチーフとした「バラ」

### 材料や用具

●バラ（生花10本以上。できれば色違いを入れた方が良い）　●色画用紙（白・黄・薄紫・薄水色または黄ボール紙）　●絵の具　●絵筆以外の道具　●画板

### 準備・注意点

❶　図工室の机・椅子を撤去する。

❷　バラが生花なので枯れないように専用の薬品や水替えを行う。

❸　できれば1回目（2時間）と2回目（2時間）の日は間を空けない方が望ましい。

❹　子どもが想定外の描く道具を持ってくる場合も考えられるため，柔軟に対応する。

## ❶筆は使わず描いていく（45分）

　これまで多くのアクションペインティングに取り組んだ子どもたちに最後に具体的なモチーフを提示した。それがこの「バラ」である。生花のバラ10本を図工室の真ん中に置き，思い思いの場所でこれまで通り筆は使わず描いていくことだけを指示した。子どもたちははじめは戸惑いを見せるかもしれないが，これまで取り組んできた技術を使って描くことはすぐに理解できると考える。

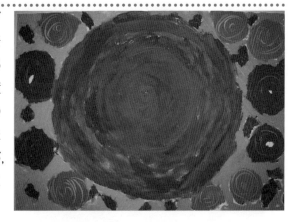

## ❷自分の表現にたどり着く（90分）

　子どもたちには〝どろどろ・ぐちゃぐちゃ〟のアクションペインティングで「バラ」を描くわけだから，極端に言うと置いてある実物のバラからどんどん離れても良いということを伝える。事前のオリエンテーションで世界の抽象絵画を見せることも有効な手段ではないかと考える。筆で繊細に描写するのではなく，身体全体を使って大胆に描くことが一番大切である。

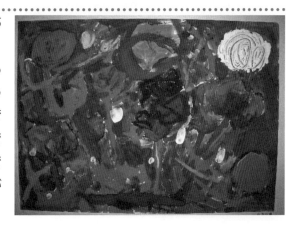

## ❸校内美術館として飾る（45分）

　完成後は子どもたちが一番よく通る階段壁面に飾った。「これバラなんだよね……」とみんなが足を止め，「こういうふうに描いてもいいんだ…」という声が数多く聞かれた。

　1年間アクションペインティングに取り組み，似ている，似ていないではなく，「どろどろ・ぐちゃぐちゃ」を使って，自分の表現を出し尽くした子どもたちの顔は非常に晴れやかで，満足感いっぱいであった。

8

モダンアートの題材

**46** 高学年 全6時間

# 空と雲

## ねらい

普段何気なく見ている空と雲。一日の中でいろんな空の色，雲の形があり一時として同じ場所に留まってはいない。そんな空と雲をつかまえ，自分のイメージを広げ，色と形のみであらわすことをねらいとした。

## 題材の概要

抽象画のようにイメージをひろげて

空は絵の具で着彩しても良いが，この題材は雲を三角形のみで表すという点がポイントである。ちぎり絵のように貼り合わせて雲の形をつくるのではなく，三角形の大きさ，角度や重ねる色紙の色などを工夫し，雲を表す際には使わない三角形を使って，自分のイメージを広げて欲しいと考えた。

## 材料や用具

●八つ切り白画用紙　●色紙（寒色系10色，暖色系5色）　●トレーシングペーパー
●絵の具（空を描く場合）　●カッター　●カッターマット　●手拭き用雑巾　●のり

## 準備・注意点

❶　教卓に色紙や光を表す際に使うトレーシングペーパー等を並べる。

❷　カッターの使い方及び保管に関しては十分に注意する。

❸　手洗いタイムロスを防ぐため，必ず手元に手拭き用雑巾を置かせる。

❹　授業の道筋が分かるワークシートがあればさらに良い。

## ❶これからの流れを「トリセツ」で見通しをもつ（15分）

　右写真は授業のはじめに子どもたちに配布し，これから
どういった制作活動を行っていくのか，見通しをもたせる
学びのロードマップ「学習のトリセツ」である。この題材
に限ったことではないが，口頭だけではなかなかイメージ
をもちにくく，いざ活動が始まったときに困ってしまう子
が出る場合がある。こういったことを踏まえ，はじめのオ
リエンテーション時に「トリセツ」や見本の完成写真を提
示したり，手元を写すカメラなどを用いたりして，子ども
たちが同じスタートラインに立てるような導入の工夫が必
要であると考えている。もちろんこの裏面には制作過程の
振り返りが書き込めるようになっており，継続的に使える
ものとなっている。

8

モダンアートの題材

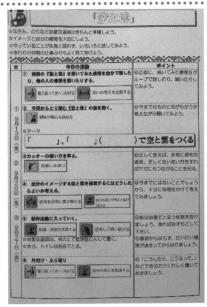

「空と雲」学習のトリセツ

## ❷色と形でイメージを広げる（30分）

　寒色系10色と暖色系5色ぐらいの色紙を準備した。赤
や橙などの暖色は途中子どもたちから，「夕焼けや暖かい
日光はどうすれば……」という課題が生まれ導入したもの
である。色紙は最低10色は準備したい。また，雲と雲の
隙間から差し込む日の光は半透明のトレーシングペーパー
も使って良いことを伝えた。ある一定選ぶ幅を設けておく
ことは子どもたちが各自のイメージを広げることにつなが
ると考えている。

## ❸切って，貼って，雲をつくる（制作180分＋鑑賞45分）

　自分が見たことのある空と雲を三角形だけで表すことに
はじめは違和感を感じていた子どもたちも，徐々に「あ，
何だかこんな感じ……」と納得していったようである。三
角の先の部分が剥がれやすいので，きちんとのり付けを行
うことに注意させ，完成後はお互いに鑑賞会を行うことが
望ましい。

**47** | 高学年 | 全6時間

# 自画像になりきろう

## ねらい

世界の画家が遺した自画像の鑑賞から感じたことを，模写を通して表現しようとするとともに，模写する見本に合わせて，効果的な表現を工夫することをねらいとした。

## 題材の概要

低学年題材のなりきりはめ絵の最終発展型とも言える本題材はまず原画鑑賞を通して，様々な自画像や肖像画がどのような思いで描かれたのかを考える。その後描いてみたい＝なりきってみたい名画を模写し，混色やタッチの試行錯誤を通して，つくりだす過程と完成の喜びを味わうことをねらいとしている。

何より顔の部分は自分を描くことで通常の模写とは違った感覚を体験することになると考える。また制作途中や完成後に他の児童の作品を鑑賞し，互いの作品の工夫や良さを認め合う集団づくりにも寄与すると考えている。

名画の中の自分

## 材料や用具

●画用紙（八つ切り，八つ切りの8分の1，16分の1）　●クレヨン　●コンテ（黒，茶）
●絵の具　●絵筆0号，6号　●各種自画像のコピー　●デジカメ（本人撮影用）

## 準備・注意点

❶　日程や立地条件が合えば，近隣美術館へ名画の鑑賞に出掛けることを勧める。

❷　美術館見学に行けなくとも，自画像や肖像画の複製があれば良い。

❸　事前に自画像や肖像画についての情報は調べて，理解しておく。

❹　基本的には水彩絵の具だが，子どもからのリクエストに備えて他の描画材も準備する。

## 授業の流れ

### ❶まず名画の鑑賞をする（45分）

近隣に美術館がある場合は行って鑑賞を行うことが望ましいが，ほとんどの場合は自画像や肖像画の複製を見る。そして作者の思いや描かれた背景などを知り，自分がなりきりたい名画を選ぶ。その際作者名やいつ頃描かれたものか，どういった意図があったのかは子どもたちに語れるぐらい教材研究しておく。

### ❷自分の顔をベースに描いていく（180分）

次に選んだ自画像の顔部分が自分になることを踏まえ，それに見合った表情を考え写真を撮る。その後顔部分を切り取り，画用紙に張り付ける。顔部分の印刷に関しては，その上から色を塗って描き込んでいくので印刷種類としては，レーザープリントでは表面がつるつるで描きにくく，インクジェットプリントで普通紙に印刷することが望ましい。

### ❸話題たっぷりの鑑賞会をひらく（45分）

元の自画像と今回描いたなりきり自画像を並べて鑑賞会を行う。右の写真はフェルメールの『真珠の耳飾りの少女』になりきったものである。これ以外にもゴッホやサルバドール・ダリになりきったものなどバラエティ豊かな作品が並び，描き切った満足感と，まさかみんながこの名画の中に……という驚きがクラス内を包むと考える。

## 48 高学年 全6時間
# 紫陽花を描く ～たらし込みの技法～

### ねらい

　かの俵屋宗達が編み出し，風神雷神図でも用いられている "たらし込み"。この技法は現代でもネイルアートなどに応用されている。今回はこの技法を理解し，イメージで紫陽花を描くことをねらいとした。

### 題材の概要

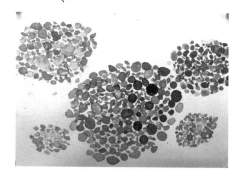 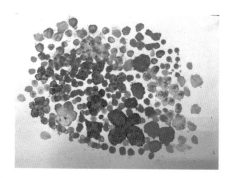

そっくりに描くのではなく，イメージを表現する

　紫陽花を見て描くとなると，かなり高度な描写が必要となるが，今回は紫陽花に寄せて描くというものではなく，あくまでイメージで描くということを前提とした。このことにより，見て描くことが苦手な子も，たらし込みの練習を行い，落とし込んでいく絵の具を丸く整えれば紫陽花のように見えることになり，「よし，やってみよう」という気持ちを起こさせることになると考える。

### 材料や用具

●紫陽花（実物がなければ写真で良い）　●水彩画用紙　●絵の具　●綿棒
●ティッシュ（ポケットでも箱でも良い）

### 準備・注意点

❶　自分の机の上を整理整頓させる。

❷　できれば事前にポケットティッシュを集めておく。

❸　オリエンテーション用に「たらし込み」説明スライドショーを準備する方が望ましい。

❹　絵の具（特に青，赤）が切れていないか確認させる。

## ❶まず「たらし込み」の練習をする（90分）

　上写真のようなたらし込みの種類や出来具合を示しながら，まずたらし込みの練習をしてもらった。この時点ではまだこの技法を使って紫陽花を描くということは伝えていない。

## ❷いよいよ『紫陽花』を描く（135分）

　今回のモチーフの学校敷地内にある立派な紫陽花の写真も見せた後活動に入った。子どもたちは3つの技法のどれを使って紫陽花を表現するか，はじめはかなり恐る恐るだった。そこで失敗しても代わりの紙はあるし，自分がやっていることをすぐに失敗と思わず，どんどん色を落としていくよう伝えた。ただ常に余分な水分を吸い取るティッシュはすぐ使えるよう手元に置くよう指示した。

## ❸水と絵の具を巧みに操ってすすめる（鑑賞45分）

　やればやるほど手際が良くなり，思ったようにたらし込みができていくことが予想以上に子どもたちをのめり込ませたようである。なかなかうまく絵の具が落とせていない子には，もっと水加減を増やすことやしっかり乾かせてから次のたらし込みに移ることを伝えた。徐々に紫陽花ができてくると，周りの葉の緑も入れたいという声が上がった。メインは紫陽花なので，それをつぶさないようにさせた。完成後は鑑賞会の時間を取りたい。

# おわりに

　お忙しい中この拙著を手に取り，購入していただいた上に最後まで読んでいただき，本当にありがとうございます。読んでいただく中で納得していただけた部分もあろうかと思いますし，またその逆もあったかと思います。

　正直なことを申しますと，私は図工・美術の専門家ではありません。皆さんと同じ一担任教師で，もともとの専門は保健体育です。

　そんな私が小学校教員になってから，図工の時間に子どもたちが真剣に，ていねいに絵を描いたり，ものをつくったりする姿が好きでその時間を共有するのが楽しいと感じるようになりました。その後様々な方々との出会いの中で図工・美術教育にハマり，実践研究を子どもたちとともに積み重ねてきました。ただ，体育も図工も自分の身体を使って取り組んでいくのは共通していることで，やはり頭と身体と心を育てるということが子どもたちの成長には大変重要なことではないかと考え，早や教職20年以上の月日が流れました。

　今回書かせていただいた内容もこれがすべてで，正解というものではありません。芸術やアートの分野は複雑多岐にわたり，図工科には教科書ももちろんありますが私たちの周りには様々なもの・ことがあります。その中からテーマを見つけ，描いたり，つくったりすることが図工科だと考えています。

　その活動を通して，子どもたちが豊かな人間に育ってくれることを願ってこれからも自分で自分をクリエイトしながら，日々の実践研究に取り組み続けます。読者の皆様からも忌憚のない御意見，御感想をいただければ幸いです。

　本書の発刊にあたり，たくさんの方々のご尽力を賜りましたこと，深く感謝いたします。

　まず，これまで23年間の図工授業で素晴らしい，愛すべき作品を残してくれた多くの子どもたちに感謝したいと思います。折しも新型コロナウイルスの影響で休校となり，以前のように学校へ来ることができない状態が続いています。子どもたちと教室で図工の授業ができるありがたさを痛感するとともに，1日も早くこの事態が終息することを願って止みません。

　また10年間在籍した英田北小学校をはじめ，市内の先生方には本当にお世話になりました。様々な形で授業公開をしたり，実践研究をともにさせていただいたことは何よりの財産となっており感謝の気持ちで一杯です。さらに全国におられる図工・美術教育の研究会で関わっていただいた先生方，アトリエ・オルタナティヴ加茂先生，数え上げればキリがないくらい多くの先生方にお世話になりました。今後ともどうぞよろしくお願い致します。

そして私に初めての単著出版の機会を与えてくださった明治図書中野様，小松様にも本当にお世話になりました。思えば忘れもしない2019年10月20日。その日雨で順延した運動会当日でした。出勤すると私の机上に1通の封書がありました。これが始まりでした。

　私もいろんな形で自分の実践を発信してきましたが，こんな形でアプローチがあるとは夢にも思わず最初は断ろうかと思っていました。しかしこれまで自分のやってきたことが形として残り，ごくわずかでも理解していただける読者がいれば……という思いで執筆させていただきました。本当にやらせていただいて良かったと思っております。本当にありがとうございました。


　最後に共同研究者でありいつもそばで支えてくれた妻，仕事もしながらの執筆活動で行き詰まったときや，苦しいときにその可愛らしい姿で癒やしてくれた我が娘に最大の感謝を表したいと思います。あなた方がいたからできました。ここまでありがとう。そしてこれからもよろしく。

　2020年3月　　　　　　　　　　　　　大阪府東大阪市立英田北小学校　北村　仁

【著者紹介】

北村　仁（きたむら　ひとし）

1973年大阪府生まれ。大阪教育大学小学校教員養成課程保健体育専攻卒業。1997年より大阪府東大阪市小学校教員として勤務。『自分で自分をクリエイトする』をモットーに体育や図工だけでなく総合的な学習の実践や，キャリア教育の観点からの取り組みなど，子ども・保護者（地域）・教員が三位一体となった活動を展開。共著として『図工の本質が分かる授業シリーズ①見て描く，②ものがたりを描く，③生活を描く』（日本標準，2009年）がある。
一方でJDBA（日本ドッジボール協会）および大阪府ドッジボール協会所属の公式ドッジボールチームの監督として，ドッジボールを通しての家族団欒，仲間とのつながりの大切さを教えている。好きなことは家事，育児，ドッジボールの指導，農業，仕事。

図工科授業サポートBOOKS

クレヨンから版画まで　小学校図工
絵の指導テクニック＆題材48

2020年9月初版第1刷刊　Ⓒ著　者　北　村　　　仁
　　　　　　　　　　発行者　藤　原　光　政
　　　　　　　　　　発行所　明治図書出版株式会社
　　　　　　　　　　　　　　http://www.meijitosho.co.jp
　　　　　　　　（企画）中野真実・小松由梨香（校正）中野真実
　　　　　　　　　〒114-0023　　東京都北区滝野川7-46-1
　　　　　　　　　振替00160-5-151318　電話03(5907)6702
　　　　　　　　　　　　　ご注文窓口　電話03(5907)6668
＊検印省略　　　　　　　組版所　株式会社木元省美堂

Printed in Japan　　　　　ISBN978-4-18-288913-4
もれなくクーポンがもらえる！読者アンケートはこちらから　→